权威读本

U0829295

中华人民共和国
网络安全法
解读

主编 杨合庆

中国法制出版社
CHINA LEGAL PUBLISHING HOUSE

撰稿人：杨合庆　高　飞　林一英
吕丽萍　李克锋　王　涛

前 言

2016年11月7日，十二届全国人大常委会第二十四次会议审议通过了《中华人民共和国网络安全法》，并由中华人民共和国主席令第五十三号公布，自2017年6月1日起施行。网络安全法是我国网络安全领域的基础性法律，是国家安全领域的一部重要法律。它的颁布施行，对于落实总体国家安全观，维护国家网络空间主权、安全和发展利益具有十分重要的意义。

为了配合网络安全法的学习、宣传和贯彻实施，全国人大常委会法制工作委员会经济法室直接参与本法起草制定工作的同志编写了本书，对网络安全法的立法背景、重大意义、主要特点及条款内容进行解读，供学习参考。

由于水平和时间有限，不妥之处，敬请读者批评指正。

目　　录

附 录

一、法律原文及立法资料

二、相关决定、法律、法规

第一章 总 则

第一条 为了保障网络安全，维护网络空间主权和国家安全、社会公共利益，保护公民、法人和其他组织的合法权益，促进经济社会信息化健康发展，制定本法。

条文解读

本条是关于本法立法目的的规定。

当前，网络和信息技术迅猛发展，已经深度融入我国经济社会的各个方面，极大地影响和改变着社会生产生活，在促进技术创新、经济发展、文化繁荣、社会进步的同时，网络安全问题也日益凸显。近年来，党中央从总体国家安全观出发，就网络安全问题提出了一系列新思想新观点新论断，对加强国家网络安全工作作出重要部署。党的十八届四中全会决定要求完善网络安全保护方面的法律法规。广大人民群众十分关注网络安全问题，强烈要求依法加强网络空间治理，规范网络信息传播秩序，惩治网络违法犯罪，使网络空间清朗起来。全国人大代表也提出许多议案、建议，呼吁出台网络安全相关立法。为适应国家网络安全工作的新形势新任务，落实党中央的要求，回应人民群众的期待，十二届全国人大常委会将制定网络安全方面的立法列入了立法规划、年度立法工作计划。全国人大常委会立法工作机构会同有关方面，在认真总结实践经验、深入调查研究的基础上，拟订了《中华人民共和国网络安全法(草案)》。2015 年 6 月，网络安全法草案由全国人大常委会委员长会议提请十二届全国人大常委会第十五次会议进行了初次审议；2016 年 6 月，全国人大常委会第二十一次会议对草案进行再次审议；10 月底至 11 月初，全国人大常委会第二十四次会议对草案进行了第三次审议，11 月 7 日，以 154 票赞成、0 票反对、1 票弃权的表决结果通过了网络安全法，自 2017 年 6 月 1 日起施行。

网络安全法的立法目的是：

一、保障网络安全

网络安全法是网络安全领域的基础性法律，保障网络安全是其首要目的。网络安全法确立了国家、有关主管部门、网络运营者、网络使用者的网络安全责任，确立了网络设备设施安全、网络运行安全、网络数据安全、网络信息安全等各方面基本制度，以防范对网络的攻击、侵入、干扰、破坏和非法使用以及意外事故，提高网络安全保护能力和水平，保障网络处于稳定可靠的运行状态，保障网络存储、传输、处理信息的完整性、保密性、可用性。

二、维护网络空间主权和国家安全、社会公共利益

1. 维护网络空间主权。网络空间主权是国家主权在网络空间的体现和延伸，网络空间主权原则是我国维护国家安全和利益、参与网络国际治理与合作所坚持的重要原则。近年来，我国政府、相关机构和国家领导人在不同场合多次申明和阐述了网络空间主权原则和主张，强调：网络的发展没有改变以《联合国宪章》为核心的国际关系基本准则，国家主权原则在网络空间同样适用。网络空间的主权原则至少包括以下要素：国家对其领土内的信息通信基础设施和信息通信活动拥有管辖权；各国政府有权制定符合本国国情的互联网公共政策；任何国家不得利用网络干涉他国内政或损害他国利益。近年来，网络空间主权原则在国际上获得越来越多的认同和支持。2012 年第 12 届国际电信世界大会修改《国际电信规则》，增加规定：各成员国有责任和权利保护其国内信息通信基础设施的网络安全，须采取措施确保互联网的稳定性和安全性，打击网络犯罪和垃圾信息，与会国家中有 89 个签署了该规则。2013 年联合国信息安全政府专家组报告明确提出：国家主权和由国家主权衍生出来的国际准则与原则，适用于国家开展的信息通信技术相关活动，也适用于各国对本国领土上信息通信技术基础设施的司法管辖。主权是一个国家在其管辖区域内所拥有的至高无上的、排他性的政治权力，体现为对内最高统治权和对外独立权的统一。综合相关国际文件、我

国主张和一些学者的论述，网络空间主权至少包括以下内容：一是国内主权，即国家拥有对其领土范围内网络基础设施、网络活动与信息的管辖权；二是“依赖性主权”，即国家拥有管理跨界网络活动的权力，这一权力通常需要依赖国家之间的合作来实现；三是独立权，即独立制定政策、自主处理国内外网络事务，不受他国干涉的权力；四是自卫权，即对他国的网络攻击有采取自卫措施的权力。网络安全法将维护网络空间主权作为立法目的，有利于更好地维护我国的国家主权和安全，有利于推动构建和平、安全、开放、合作的网络空间，建立多边、民主、透明的网络治理体系。

2. 维护国家安全。国家安全是指国家政权、主权、统一和领土完整、人民福祉、经济社会可持续发展和国家其他重大利益相对处于没有危险和不受内外威胁的状态，以及保障持续安全状态的能力。随着网络和信息技术快速发展，与政治经济军事社会深度融合，一个国家的政权、主权、统一和领土完整、人民福祉、经济社会可持续发展和其他重大利益所面临的安全威胁，都可能通过网络来组织、发动、传播、扩散，因此维护网络安全，将网络运用好、发展好、管理好，是事关国家安全的重大问题。

3. 维护社会公共利益。社会公共利益是反映社会最广大群体的共同价值的客观需求。网络安全关系公共产品和服务的保障和供给，关系公众的健康和安全，关系社会的长远利益和福祉，因此与社会公共利益息息相关。网络安全法确立维护网络安全的各项制度，就是要保障通过网络提供的公共产品和服务不中断，满足人民群众的各种生产生活需求，保障通过网络传输、处理信息的真实性、准确性、完整性，避免因各种网络安全事故影响和危害公众的健康和安全，维护社会公众的共同利益和福祉。

三、保护公民、法人和其他组织的合法权益

公民、法人和其他组织是网络的参与者、建设者、运营者、管理者，是网络活动的主体，维护好、保障好公民、法人和其他组织在网络领域的合法权益，是制定本法的重要目的。网络安全法一方面通过建立健全建设、运营、管理和使用网络的法律规范，使之有明确的法律遵循，以维护公民、法人和其他组织依法利用网络从事相关活动的权利；另一方面建立健全预防、制止和惩治侵害公民、法人和其他组织行为的法律规范，使公民、法人和其他组织的人身权益、财产权益受到更好保护，在其合法权益受到损害时，能够得到及时、有效地救济和补偿。

四、促进经济社会信息化健康发展

当前，以互联网为代表的信息技术迅猛发展，促进产业变革、经济转型，推动社会生活方式深刻改变，为适应和引领经济发展新常态提供了新动能。在不断推进经济社会信息化进程中，需要切实防范、控制和化解各种网络安全风险和威胁。网络安全与信息化发展是一体之两翼、驱动之双轮，必须做到协调一致、齐头并进。制定网络安全法，就是要通过法律制度建设，为经济社会信息化发展提供良好环境，促进经济社会信息化健康发展。

第二条　在中华人民共和国境内建设、运营、维护和使用网络，以及网络安全的监督管理，适用本法。

条文解读

本条是关于本法调整范围的规定。

一、本法适用的地域范围

网络安全法是全国人大常委会制定的法律，其效力原则上限于我国境内。需要说明的是，虽然本法原则上只在我国境内适用，但考虑到跨境网络活动的特殊性，网络安全法还规定了其特定的域外效力：一是规定，国家采取措施，监测、防御、处置来源于中华人民共和国境内外的网络安全风险和威胁。二是规定，国家网信部门和有关部门发现来源于中华人民共和国境外的我国法律、行政法规禁止发布或者传输的信息的，应当通知有关机构采取技术措施和其他必要措施阻断传播。三是规定，境外的机构、组织、个人从事攻击、侵入、干扰、破坏等危害中华人民共和国的关键信息基础设施的活动，造成严重后果的，依法追究法律责任；国务院公安部门和有关部门并可以决定对该机构、组织、个人采取冻结财产或者其他必要的制裁措施。另外，其他法律规定的涉外网络活动应当适用我国法律的，也应当适用我国法律。

二、本法的调整对象

本法调整建设、运营、维护和使用网络以及网络安全监督管理的活动，也就是说，在我国境内从事的建设、运营、维护和使用网络以及网络安全监督管理的活动，都应当遵守本法。本法虽然对上述活动都作了规范，但不是上述活动的全部规范，建设、运营、维护和使用网络以及网络安全监督管理的活动，还应当遵守其他相关的法律规范。

第三条 **国家坚持网络安全与信息化发展并重，遵循积极利用、科学发展、依法管理、确保安全的方针，推进网络基础设施建设和互联互通，鼓励网络技术创新和应用，支持培养网络安全人才，建立健全网络安全保障体系，提高网络安全保护能力。**

条文解读

本条是关于网络安全和信息化工作基本原则的规定。

一、关于国家网络安全和信息化的基本原则

长期以来，国家统筹谋划、协同推进网络安全和信息化发展各项工作，取得了巨大成绩。坚持网络安全和信息化发展并重，是国家网络安全和信息化工作的基本原则。

在此原则下，国家确立了网络安全和信息化工作的方针，即积极利用、科学发展、依法管理、确保安全，网络安全法将其上升为法律规定。积极利用，就是要主动适应网络发展要求，积极应对网络发展带来的挑战，充分利用网络技术，开发利用信息资源，促进信息交流和知识共享，发挥网络推动经济社会发展各方面的作用；科学发展，就是要把握网络发展特点，尊重网络发展规律，科学决策，合理布局，加强顶层设计和规划，促进网络技术和产业规范健康可持续发展；依法管理，就是要加强网络领域法治建设，推进科学立法、严格执法、公正司法、全民守法，保障网络安全和信息化发展始终在法治的轨道上进行；确保安全，就是要针对网络安全领域的突出问题，提高防范网络安全风险、抵御网络安全威胁的能力和水平，切实保障网络安全，维护网络空间主权和国家安全、社会公共利益。

二、关于统筹推进网络安全和信息化工作

本条从安全与发展并重的原则出发，确立了统筹国家网络安全和信息化工作的主要内容：一是推进网络基础设施建设和互联互通。要大力推动新一代网络基础设施建设，优化网络结构，提高网络性能，从业务、网络和终端等各个层面推进网络基础设施融合，为实现经济社会信息化提供坚实基础。二是鼓励网络技术创新和应用。要实施创新驱动战略，完善体制机制，强化企业创新主体地位和主导作用，面向网络技术领域的基础前沿技术、共性关键技术，加大研发和科技成果转化支持力度，掌握网络技术发展的主动权，提升网络技术和产业的综合实力和竞争力。三是支持培养网络安全人才。人才资源是第一资源，人才竞争是最终的竞争。要完善网络安全人才的培养、使用、激励机制，为网络安全事业发展提供有力人才支撑。四是建立健全网络安全保障体系。要加强网络信任体系建设，夯实网络安全基础，加强网络安全监管能力建设，强化网络安全监测预警和应急处置工作，构建完备有效的风险防范、监督管理、应急处置保障体系，提高全社会的网络安全保护能力。

第四条　国家制定并不断完善网络安全战略，明确保障网络安全的基本要求和主要目标，提出重点领域的网络安全政策、工作任务和措施。

条文解读

本条是关于国家网络安全战略的规定。

一、关于国家网络安全战略

国家网络安全战略是国家从网络安全国际国内形势和全局出发，确定网络安全工作目标、任务并为实现上述目标和任务而制定的方略和规划。国家网络安全战略具有全局性、综合性、整体性、长远性，是指导、统筹网络安全工作的最高原则和纲领。近些年，世界主要国家都先后制定自己的网络安全战略，宣示本国的网络安全政策和主张，提出网络安全任务重点和行动计划：

1. 美国。2003 年以来，美国先后制定了三个重要的网络空间战略：《确保网络空间安全的国家战略》（2003 年 2 月，简称网络安全国家战略）、《网络空间国际战略》（2011 年 5 月）和《网络空间行动战略》（2011 年 7 月），分别从网络安全、外交和国防领域提出网络空间的战略目标、重点任务和政策措施。这三项战略的出台，标志着网络安全已成为美国国家安全的重要组成部分，网络政策已成为美国实现其国家利益的重要工具。美国网络安全国家战略认为，美国强大的军事和经济力量对关键基础设施和网络信息系统的依赖关系成了脆弱性的根源，关键基础设施和信息系统的安全成为美国面临的首要威胁之一，美国必须采取措施保障关键基础设施和信息系统的安全，避免“信息灾难”。该战略确定的指导方针包括：鼓励全国性合作、保护隐私权和公民自由权、发挥法律法规和市场的力量、明确各部门的义务和责任、确保应对的灵活性、制定多年计划；三项总体战略目标是：阻止针对美国至关重要的基础设施的网络攻击，减少美国对网络攻击的脆弱性，在确实发生网络攻击时，使损害程度最小化、恢复时间最短化；五项优先内容是：国家网络空间安全响应系统、国家网络空间安全威胁与脆弱性降低计划、国家提高网络安全意识与培训计划、政府网络空间安全保护、国家安全与国际网络空间安全合作。美国国务院发布的网络空间国际战略提出，美国对网络空间的未来设想是：开放和互通、安全与可靠、通过规则实现稳定。实现上述设想的重要政策领域是：（1）外交：加强伙伴关系。美国将积极与国际社会开展坦率和必要的对话，就网络空间负责任行为的原则和有必要采取的行动等问题，形成国际共识。（2）防务：劝阻及威慑。美国将采取多项政策，实现其防御目标。必要时，将像应对国家受到其他任何威胁那样应对网络空间的敌对行为，并保留使用所有必要的外交、信息、军事和经济手段的权力。（3）发展：建设繁荣和安全。美国将在提供建设和保护新的和现有数字系统所需的知识和能力方面发挥积极作用，并在国家间达成以负责任的利益攸关者方式行事的共识。七项优先政策是：（1）经济：推动国际标准和创新型的开放市场；（2）保护网络：加强网络安全性、可靠性和恢复能力；（3）执法：拓展合作与加强法治；（4）军事：准备应对21世纪的安全挑战；（5）互联网管治：推动有效和包容性的管治结构；（6）国际发展：提高能力，确保安全，促进繁荣；（7）互联网自由：确保基本自由和隐私安全。美国国防部发布的网络空间行动战略（非机密部分）提出了国防部关注的潜在敌对行为的三大领域：窃取或非法利用数据；破坏或阻止接入网络、影响网络正常使用；采取包括恶化、操纵或直接威胁、破坏或损毁网络及相关系统在内的毁伤性行为。国防部在网络空间领域的五项战略倡议：(1）将网络空间视为一个行动领域，加以组织、训练和装备，从而确保国防部充分利用网络空间的潜力；(2）将采用新的防务行动构想保护国防部网络系统；(3）将与其他政府部门、私营企业共同合作，打造“政府一盘棋”的网络空间安全战略；(4）将与美国的盟友及国际伙伴建立紧密的联系，增进集体网络空间安全；(5）将借助高素质的网络空间人才队伍和快速的技术创新，推动国家创新发展。

2. 欧盟。欧盟2013年出台《欧盟网络安全战略》，提出：欧盟以公民权利的强保护与促进为导向，以建立欧盟为世界上最安全网络环境为宗旨，阐述欧盟的愿景和需要采取的行动。其网络安全原则包括：(1）在现实空间中奉行的规范、原则和价值观也应当同样适用于网络空间；(2）保护基本权利、言论自由、个人数据和隐私；(3）任何人都应享有访问互联网和进行无障碍信息交流的权利；(4）民主而高效的多方参与治理模式。该战略确定的战略重点和行动包括：(1）提升网络应变能力；(2）大幅减少网络犯罪；(3）制定网络防御政策；(4）发展网络安全的产业和技术资源；(5）制定统一的网络安全政策。该战略还阐述了网络与信息安全主管机构、计算机应急响应小组、执法机构与防务机构的职责及其合作。

3. 俄罗斯。俄罗斯2000年出台了《俄联邦信息安全学说》，2016年12月又出台了新版《俄联邦信息安全学说》，列出了俄罗斯信息安全的主要威胁，提出了信息安全工作的重点领域。

二、国家网络安全战略的主要内容

本条对我国网络安全战略的主要内容作了原则规定，包括：保障网络安全的基本要求；保障网络安全的主要目标；重点领域的网络安全政策、工作任务和措施。2016 年 12 月 27 日，经中央网络安全和信息化领导小组批准，国家互联网信息办公室发布了我国第一个《国家网络空间安全战略》。该战略首先分析了我国网络安全面临的机遇和挑战，提出网络空间是信息传播的新渠道、生产生活的新空间、经济发展的新引擎、文化繁荣的新载体、社会治理的新平台、交流合作的新纽带、国家主权的新疆域；我国面临的挑战主要是：网络渗透危害政治安全、网络攻击威胁经济安全、网络有害信息侵蚀文化安全、网络恐怖和违法犯罪破坏社会安全、网络空间的国际竞争方兴未艾。国家网络空间安全的目标是：以总体国家安全观为指导，贯彻落实创新、协调、绿色、开放、共享的发展理念，增强风险意识和危机意识，统筹国内国际两个大局，统筹发展安全两件大事，积极防御、有效应对，推进网络空间和平、安全、开放、合作、有序，维护国家主权、安全、发展利益，实现建设网络强国的战略目标。维护网络空间安全的原则包括：尊重维护网络空间主权、和平利用网络空间、依法治理网络空间、统筹网络安全与发展；战略任务包括：

坚定捍卫网络空间主权、坚决维护国家安全、保护关键信息基础设施、加强网络文化建设、打击网络恐怖和违法犯罪、完善网络治理体系、夯实网络安全基础、提升网络空间防护能力、强化网络空间国际合作。

第五条 **国家采取措施，监测、防御、处置来源于中华人民共和国境内外的网络安全风险和威胁，保护关键信息基础设施免受攻击、侵入、干扰和破坏，依法惩治网络违法犯罪活动，维护网络空间安全和秩序。**

条文解读

本条是关于国家维护网络安全主要任务的规定。

一、监测、防御、处置网络安全风险和威胁

当前，我国面临的网络安全风险和威胁概括起来主要包括三个方面，一是，网络入侵、网络攻击等非法活动，严重威胁着运行安全；二是，非法获取、泄露甚至倒卖公民个人信息，侮辱诽谤他人、侵犯知识产权等违法活动在网络上时有发生，严重损害公民、法人和其他组织的合法权益；三是，宣扬恐怖主义、极端主义，煽动颠覆国家政权、推翻社会主义制度，以及淫秽色情等违法信息，借助网络传播、扩散，严重危害国家安全和社会公共利益。国家维护网络安全，必须采取措施监测、防御并处置各类网络安全风险和威胁，保障网络安全稳定运行，防止因网络活动对国家安全、社会公共利益和公民合法权益造成损害。

二、保护关键信息基础设施安全

随着信息技术的广泛应用，能源、交通、水利、金融等国民经济重要行业，供电、供水、教育、医疗卫生等关系民生的公共服务领域，以及国家对经济社会事务的管理等，都高度依赖于网络。对关键信息基础设施实行重点保护，对维护国家安全和保障民生，具有十分重要的意义。将那些为社会提供基础性、关键性服务，一旦丧失功能或遭到损害后将会给国家安全、公共安全、社会生活带来严重损害的设施列为关键基础设施加强保护，这是国家的一项重要任务。

三、依法惩治网络违法犯罪活动

依法惩治各种网络违法犯罪活动，是保卫国家安全，保护公共和私有财产，保护公民人身等权利，维护社会秩序、经济秩序，保障社会主义建设事业顺利进行的必然要求，也是国家在网络领域的一项重要任务。

四、维护网络空间安全和秩序

国家采取上述措施及其他措施，是为了维护网络空间安全和正常秩序，使国家网络安全保障体系更加健全完善，网络安全风险得到有效控制，网络和信息系统运行稳定可靠，同时使公众在网络空间的个人隐私获得有效保护，人权受到充分尊重，网络环境诚信、文明、健康，信息依法、有序、自由流动。

第六条　国家倡导诚实守信、健康文明的网络行为，推动传播社会主义核心价值观，采取措施提高全社会的网络安全意识和水平，形成全社会共同参与促进网络安全的良好环境。

条文解读

本条是关于国家推动形成全社会促进网络安全的环境的规定。

一、网络安全需要全社会共同维护

当前，随着网络的快速普及，网络安全问题与国家、企业和每一个社会组织、每一个公民都密切相关，维护网络安全已成为全社会的共同责任，因此需要政府、企业和社会组织、广大网民共同参与、共同促进。美欧等发达国家从自身技术优势和利益出发，在互联网领域主张所谓利益攸关方治理模式，鼓吹互联网自由和信息自由流动，反对政府对互联网的监管。我国倡导全社会共同参与，是要广泛动员全社会力量，发挥政府、企业、社会组织、公民等各方面的作用，共同参与维护网络安全。各级政府及其有关部门应当完善政策、健全法制、强化执法、打击犯罪，推动网络空间法治化；互联网企业必须切实承担起法律义务和社会责任，保护用户隐私，保障网络运行安全和数据安全，维护网民权益；网络相关组织要加强行业自律，推动网上诚信体系建设；专家学者要利用专业优势，在制定网络安全政策、发展网络安全技术等方面发挥积极作用；广大网民从事网络活动应当遵守法律法规，诚实守信，自觉抵制不文明网络行为，监督举报网络违法犯罪行为，切实维护网络秩序。

二、国家促进全社会共同参与维护网络安全的基本任务

一是，倡导诚实守信、健康文明的网络行为。国家倡导文明办网、文明上网，坚决打击违法信息在网络空间传播，以期形成安全、文明、健康、有序的信息传播秩序，建设文明诚信的网络环境。二是，传播社会主义核心价值观。国家加强网上思想文化阵地建设，大力推动培育和践行社会主义核心价值观，支持发展积极向上的网络文化，传播正能量，凝聚强大精神力量。三是，提高全社会的网络安全意识和水平。国家采取措施，开展多层次全方位的网络安全宣传、教育和培训，使社会各方面的网络安全知识得到普及，网络安全和网络法治意识得到提高，网络安全技能和水平得到提升，形成全社会广泛重视、共同有效参与的促进网络安全的良好环境。

第七条　国家积极开展网络空间治理、网络技术研发和标准制定、打击网络违法犯罪等方面的国

际交流与合作，推动构建和平、安全、开放、合作的网络空间，建立多边、民主、透明的网络治理体系。

条文解读

本条是关于国家参与网络安全国际合作的规定。

一、网络安全国际合作已成为时代趋势和国际共识

在当今的信息化时代，网络安全对一个国家以及整个世界的和平与发展越来越重要，网络安全国际合作已成为一个全球性议题。第一，世界各国在享受网络的方便、快捷的同时，也面临网络攻击、网络入侵、数据窃取等大量安全风险和威胁，并且这些威胁和风险因互联网的迅速发展而加剧，因互联网的全球互联互通而更难以防范和制止，迫切需要各国加强合作共同应对。第二，利用互联网从事的恐怖、暴力及其他违法犯罪日益猖獗，干扰和破坏国家的社会秩序、经济发展、国家安全，迫切需要各国加强合作予以惩处。第三，网络空间作为继陆、海、空、天之后的“第五空间”，世界各国在网络空间的竞争日趋激烈，敌对行为日益增多，维护网络空间和平，迫切需要各国加强合作，制定完善网络空间国家行为规则予以应对。近年来，包括中国在内的世界各国已深刻认识到加强网络安全国际合作的重要性，并付出了很多实际行动。主要包括：(1) 联合国框架下的合作，如联合国召开信息社会世界峰会、成立信息安全政府间专家组、中俄等国家向联合国提出信息安全国际行为准则等；(2) 其他国际组织框架下的合作，如上合组织、APEC、东盟、七国集团峰会、金砖国家峰会以及欧盟、北约等许多国际组织均将网络安全相关议题作为重要合作领域，出台相关合作计划；（3）双边合作，如中国同俄罗斯、美国、英国、德国、日本和韩国等许多国家都建立了网络相关对话与合作机制；（4）通过专业机构开展合作，如通过国际电信联盟、事件响应与安全组织论坛（FIRST）/亚太计算机应急联盟组织（APCERT）、互联网名称与数字地址分配机构（ICANN）等。

二、我国参与网络安全国际合作的重点领域

1. 网络空间治理。通过国家参与相关国际组织的活动以及与其他国家开展双边、多边对话与合作，加强同其他国家的沟通交流，共同研究并参与制定全球互联网治理规则，使全球互联网治理体系更加公正合理，更加平衡地反映大多数国家的意愿和利益。2. 网络技术研发。国家推动有关机构、企业等与境外机构、企业在资金、技术、人才、项目等方面开展合作、交流，共同研究开发网络核心技术，促进网络技术创新，提升我国网络技术水平。3. 网络技术标准制定。国家鼓励并支持有关机构、企业积极参与国际标准化活动，争取承担更多国际标准组织技术机构和领导职务，增强话语权，并与境外有关机构合作，加大国际标准跟踪、评估和转化力度，同时推动我国更多标准成为国际标准。4. 打击网络违法犯罪。通过与相关国家和国际组织加强网络违法犯罪信息交流与情报交换，相互借鉴打击网络违法犯罪的技术与经验，建立并实施有效的执法协作机制，共同打击网络违法犯罪行为。2017 年 3 月 1 日，外交部和国家互联网信息办公室发布了《网络空间国际合作战略》，阐述了我国在网络空间国际合作领域面临的机遇与挑战、参与网络空间国际合作坚持的原则、开展网络空间国际合作的战略目标，并具体阐述了我国参与网络空间国际合作的行动计划。

三、网络安全国际合作的目标

2014 年 11 月 19 日，首届世界互联网大会在浙江乌镇召开，国家主席习近平在贺词中强调，中国愿意同世界各国携手努力，本着相互尊重、相互信任的原则，深化国际合作，尊重网络主权，维护网络安全，共同构建和平、安全、开放、合作的网络空间，建立多边、民主、透明的国际互联网治理体系。网络安全法根据习近平主席的重要讲话，将推动构建和平、安全、开放、合作的网络空间，建立多边、民主、透明的网络治理体系作为本法确定的网络领域国际合作的目标。根据《国家网络空间安全战略》，和平是指信息技术滥用得到有效遏制，网络空间军备竞赛等威胁国际和平的活动得到有效控制，网络空间冲突得到有效防范。安全是指网络安全风险得到有效控制，国家网络安全保障体系健全完善，核心技术装备安全可控，网络和信息系统运行稳定可靠。网络安全人才满足需求，全社会的网络安全意识、基本防护技能和利用网络的信心大幅提升。开放是指信息技术标准、政策和市场开放、透明，产品流通和信息传播更加顺畅，数字鸿沟日益弥合。不分大小、强弱、贫富，世界各国特别是发展中国家都能分享发展机遇、共享发展成果、公平参与网络空间治理。合作是指世界各国在技术交流、打击网络恐怖和网络犯罪等领域的合作更加密切，多边、民主、透明的国际互联网治理体系健全完善，以合作共赢为核心的网络空间命运共同体逐步形成。

第八条 国家网信部门负责统筹协调网络安全工作和相关监督管理工作。国务院电信主管部门、公安部门和其他有关机关依照本法和有关法律、行政法规的规定，在各自职责范围内负责网络安全保护和监督管理工作。

县级以上地方人民政府有关部门的网络安全保护和监督管理职责，按照国家有关规定确定。

条文解读

本条是关于网络安全保护和监督管理职责的规定。

一、国家网信部门的职责

2011 年 5 月，国务院设立国家互联网信息办公室。党的十八届三中全会决定提出，加快完善互联网管理领导体制，目的是整合相关机构职能，形成从技术到内容、从日常安全到打击犯罪的互联网管理合力，确保网络正确运用和安全。2014年2月，中央网络安全和信息化领导小组成立，领导小组将着眼国家安全和长远发展，统筹协调涉及经济、政治、文化、社会及军事等各个领域的网络安全和信息化重大问题，研究制定网络安全和信息化发展战略、宏观规划和重大政策，推动国家网络安全和信息化法治建设，不断增强安全保障能力。同时成立了领导小组办事机构即中央网络安全和信息化领导小组办公室，由国家互联网信息办公室承担具体职责。2014年8月，国务院发出《国务院关于授权国家互联网信息办公室负责互联网信息内容管理工作的通知》（国发〔2014〕33号），授权重新组建的国家互联网信息办公室负责全国互联网信息内容管理工作，并负责监督管理执法。据此，本条规定了国家网信部门两方面的职责，即网络安全工作统筹协调职责和网络安全相关监督管理职责。

二、国务院电信主管部门、公安部门和其他有关机关的职责

根据国务院确定的职责，工业和信息化部作为电信行业主管部门，主要承担互联网行业管理、信息通信领域网络与信息安全保障体系建设以及网络安全防护、应急管理和处置等职责；公安部主要承担计算机信息系统安全保护、计算机病毒等防治管理、网络违法犯罪案件的查处等职责。同时，由于本法适用于各类信息网络，调整涉及网络安全的各种活动，涉及面广、涉及的部门多，难以对包括网信、电信、公安部门在内的各有关机关的职责作出具体规定。各有关机关的职责，一方面可以依照本法和其他法律、行政法规的规定执行，另一方面，还可以通过国家有关规定具体明确。

三、地方政府有关部门的职责

与中央政府相对应，地方的网信、电信、公安部门是承担网络安全保护和监督管理职责的主要部门。考虑到地方政府特别是县级政府机构设置与中央有所不同，并且考虑网络安全工作的广泛性和复杂性，本法对地方政府有关部门的网络安全职责未作具体规定，应当按照国家有关规定确定并执行。

第九条　网络运营者开展经营和服务活动，必须遵守法律、行政法规，尊重社会公德，遵守商业道德，诚实信用，履行网络安全保护义务，接受政府和社会的监督，承担社会责任。

条文解读

本条是关于网络运营者基本义务的规定。

网络运营者开展经营和服务活动，应当履行下列义务：

（一）遵守法律、行政法规。法律、行政法规是对全体社会成员具有普遍约束力的行为规范。网络运营者开展经营和服务活动应当遵守法律、行政法规，在法律、行政法规的范围内行事，履行法律、行政法规规定的义务，承担法律、行政法规规定的责任。

（二）遵守商业道德。商业道德是在长期商业活动中形成的、被社会广泛承认和接受的、对商业活动具有影响力和约束力的准则和规范。网络运营者开展经营和服务活动，在遵守法律、行政法规的同时，应当遵守商业道德，并可根据自身情况制定本组织的商业道德规范，约束本组织、高级管理人员及员工的行为，以此增强本组织凝聚力，谋求本组织健康长远发展。

（三）诚实信用。诚实信用是民事活动的基本原则，这一原则要求民事主体重承诺、守信用，以最大的善意从事民事活动，特别是在缔结合同时应当合理确定与相对方的权利和义务，在履行合同时应当按照约定正当行使权利和履行义务。

（四）履行网络安全保护义务。网络运营者作为网络的管理者、使用者和利用他人网络从事相关服务的网络服务提供者，是网络安全的第一责任人，应当履行法律规定的维护网络安全的义务。

（五）接受政府和社会的监督。网络运营者建设、运营网络或者通过网络提供服务，是否符合法律、行政法规的规定，事关国家利益、公共利益以及社会公众的利益，因此应当接受政府和社会公众的监督，包括对政府及政府有关部门依法实施的监督管理予以配合，及时处理社会公众的投诉等。

（六）承担社会责任。网络运营者在履行法律、行政法规规定的强制性义务的基础上，为实现自身和社会可持续发展，在道德规范、商业伦理等方面应当承担包括防止环境污染、保护生态、维护职工权益以及参与社会公益事业等社会责任。

第十条　建设、运营网络或者通过网络提供服务，应当依照法律、行政法规的规定和国家标准的强制性要求，采取技术措施和其他必要措施，保障网络安全、稳定运行，有效应对网络安全事件，防范网络违法犯罪活动，维护网络数据的完整性、保密性和可用性。

条文解读

本条是关于维护网络安全总体要求的规定。

本条从网络安全的含义切入，根据本法对网络运营者维护网络安全的具体要求，概括规定了建设、运营网络或者通过网络提供服务应当遵守的维护网络安全的总体要求：

（一）保障网络运行安全。保障网络运行安全的依据是法律、行政法规的规定和国家标准的强制性要求；保障网络运行安全的手段是采取技术措施和其他必要措施，其他必要措施主要是指管理措施；目标是保障网络安全、稳定运行，有效应对网络安全事件，以保障网络的正常功能。

（二）防范网络违法犯罪活动。这里的网络违法犯罪活动，既包括非法侵入他人网络、干扰他人网络正常功能、窃取网络数据等危害网络安全的违法犯罪活动，也包括利用网络从事的危害国家安全、损害公共利益、侵害他人合法权益等各种违法犯罪活动。建设、运营网络或者通过网络提供服务，应当依照法律、行政法规的规定和国家标准的强制性要求，采取技术措施和其他必要措施，及时发现并处置网络违法犯罪活动，防止网络违法犯罪活动对自身及他人利益造成损害。对怠于履行防范网络违法犯罪活动的义务，或者放任网络违法犯罪活动发生、蔓延的，应当依法承担法律责任。

（三）维护网络数据安全，即维护网络数据的完整性、保密性和可用性，这一要求也是与网络安全的含义相对应的。完整性，是指防止网络数据被不正当地修改或破坏，确保数据的不可否认和真实；保密性，是指防止对网络数据未经授权的访问；可用性，是指确保网络数据能够及时可靠地获取和使用。

第十一条 **网络相关行业组织按照章程，加强行业自律，制定网络安全行为规范，指导会员加强网络安全保护，提高网络安全保护水平，促进行业健康发展。**

条文解读

本条是关于网络安全行业自律的规定。

行业自律是行业主体为维护共同利益、促进共同发展而开展的订立行业规范、规范行业行为、协调利益关系、维护公平竞争的自我管理、自我约束的行为。行业自律通常通过成立行业组织进行。本条根据我国的实际和需要，借鉴有关法律的通行做法，对相关行业组织加强行业自律、维护网络安全作了原则规定。主要内容包括：

（一）行业自律组织。由于网络安全问题涉及面广，除专门的以促进网络安全为目的的行业组织外，实际中还有很多行业组织具有促进本行业网络安全的自律管理职责。因此本条规定的行业自律组织不限于以促进网络安全为目的的专门组织，也包括按照组织章程负有网络安全自律管理职能的其他网络相关行业组织。行业组织章程是规定本组织宗旨任务、成员权利义务、领导管理机构等事项，规范本组织及其成员行为的基本纲领和准则，是行业组织开展行业自律活动的依据。

（二）行业自律的主要内容和目标。本条从本法立法目的出发，规定了行业自律的两项主要内容：一是，制定网络安全行为规范。行业行为规范是行业组织开展行业自律的重要依据。网络相关行业组织开展行业自律，应当依照法律、法规和相关标准以及本行业的通行做法、最优实践，制定适用于本行业的网络安全行为规范，约束本组织成员的行为。二是，指导会员加强网络安全保护。行业指导是行业组织的重要职责。网络相关行业组织应当利用自身技术、管理、信息等优势，通过业务培训、技术支持等方式，指导本组织成员采取有利网络安全的技术措施和管理措施。行业自律的目标是提高本组织成员及本行业的网络安全保护水平，维护网络安全，从而促进本行业健康发展。

第十二条 国家保护公民、法人和其他组织依法使用网络的权利，促进网络接入普及，提升网络服务水平，为社会提供安全、便利的网络服务，保障网络信息依法有序自由流动。

任何个人和组织使用网络应当遵守宪法法律，遵守公共秩序，尊重社会公德，不得危害网络安全，不得利用网络从事危害国家安全、荣誉和利益，煽动颠覆国家政权、推翻社会主义制度，煽动分裂国家、破坏国家统一，宣扬恐怖主义、极端主义，宣扬民族仇恨、民族歧视，传播暴力、淫秽色情信息，编造、传播虚假信息扰乱经济秩序和社会秩序，以及侵害他人名誉、隐私、知识产权和其他合法权益等活动。

条文解读

本条是关于国家保护使用网络权利以及使用网络应当履行的基本义务的规定。

一、国家保护公民、法人和其他组织依法使用网络的权利

随着信息技术的发展普及，网络已成为公民、法人和其他组织从事经济社会活动的重要工具，使用网络在一定程度已成为生产生活的必需，已成为公民、法人和其他组织的一项重要权利，保障任何人在任何地点都能以承担得起的价格享受网络服务，缩小不同地区、不同群体之间的数字鸿沟，已成为国家保护基本人权、促进社会公平、平衡地区发展的一项重要职责。据此，本条第一款对国家保护公民、法人和其他组织依法使用网络的权利，以及实现这一目标的措施作了规定。这些措施包括：一是，促进网络接入普及。即推进信息基础设施建设，使网络设施进入城乡更大范围，并降低网络服务价格，使更多用户更容易接入网络，以提升网络服务普及率。二是，提升网络服务水平。在提升网络服务普及率的同时，不断提高网速和服务质量，为社会提供安全、便利的网络服务。三是，保障网络信息依法有序自由流动。在提升服务质量的同时，依法加强网络信息监管，保障公民利用网络开展各种活动的权利，惩处危害信息有序自由流动的行为，维护信息传播秩序。

二、个人、组织使用网络应当履行的基本义务

任何个人和组织享有宪法和法律规定的权利，同时也必须履行宪法和法律规定的义务；在行使自由和权利的时候，不得损害国家的、社会的、集体的利益和其他公民的合法的自由和权利。网络空间是现实社会的反映，网络空间不是法外之地。本法在规定国家保障个人、组织依法使用网络的权利的同时，要求个人和组织对其使用网络的行为负责，必须履行宪法法律规定的义务，不得从事法律规定禁止从事的违法犯罪活动。本条第二款规定了两个方面的内容，一是规定了个人和组织使用网络的基本义务，即应当遵守宪法法律，遵守公共秩序，尊重社会公德。二是列举规定了个人和组织使用网络禁止从事的活动，包括危害网络安全、危害国家安全、破坏社会秩序、侵犯他人合法权益等活动。网络安全法规定的上述禁止从事的活动针对的是当前社会反映突出、危害性较大的违法犯罪活动，任何个人、组织也不得从事宪法法律禁止从事的其他违法犯罪活动。

第十三条　国家支持研究开发有利于未成年人健康成长的网络产品和服务，依法惩治利用网络从事危害未成年人身心健康的活动，为未成年人提供安全、健康的网络环境。

条文解读

本条是关于加强未成年人网络保护的规定。

随着互联网的普及，尤其是智能手机、移动互联网的快速发展，未成年人接触网络十分容易，防止因使用网络而给未成年人的身心健康带来危害，已经成了一个不容忽视的问题。当前，网络使用对未成年人身心健康的危害主要表现在两个方面，一是，沉迷于网络游戏，损害未成年人的身体健康，影响未成年人的学习教育，造成未成年人社会交往或心理障碍，甚至厌世、弃学。二是，一些未成年人受到暴力、淫秽色情、赌博、教唆犯罪等违法信息的影响、毒害，危害未成年人健康成长，甚至导致一些未成年人走上违法犯罪的道路。对网络使用危害未成年人身心健康问题，社会公众反映强烈，迫切希望完善法治，净化网络生态，为未成年人健康成长创造良好的网络环境。

关于未成年人的网络保护问题，之前制定的未成年人保护法、预防未成年人犯罪法等法律、法规已经作出了一些规定。比如：父母或者其他监护人应当关注未成年人的生理、心理状况和行为习惯，预防和制止未成年人沉迷网络；国家采取措施，预防未成年人沉迷网络；国家鼓励研究开发有利于未成年人健康成长的网络产品，推广用于阻止未成年人沉迷网络的新技术；禁止任何组织、个人制作或者向未成年人出售、出租或者以其他方式传播淫秽、暴力、凶杀、恐怖、赌博等毒害未成年人的电子出版物以及网络信息等；中小学校园周边不得设置互联网上网服务营业场所等不适宜未成年人活动的场所；互联网上网服务营业场所等不适宜未成年人活动的场所，不得允许未成年人进入，经营者应当在显著位置设置未成年人禁入标志；任何组织或者个人不得披露未成年人的个人隐私等。为了回应社会关切，反映人民群众呼声，本条对未成年人网络保护问题作了原则规定。一是，鼓励研究开发有利于未成年人健康成长的网络产品和服务，就是要鼓励研发并向社会提供符合未成年人身心发展特点的优秀网络产品和服务，让这些产品和服务占领主阵地，传播正能量，使未成年人自觉远离影响他们身心健康的产品和服务。二是，依法惩治利用网络从事危害未成年人身心健康的活动，就是要对利用网络提供含有诱发未成年人违法犯罪以及渲染暴力、色情、赌博、恐怖活动等危害未成年人身心健康内容的信息，以及利用网络从事其他危害未成年人身心健康的活动的，应当依照治安管理处罚法、刑法等法律规定，追究违法犯罪行为人的法律责任。网络安全法作上述规定，目的是为未成年人提供安全、健康的网络环境，维护未成年人合法权益，促进未成年人健康成长。

第十四条　任何个人和组织有权对危害网络安全的行为向网信、电信、公安等部门举报。收到举报的部门应当及时依法作出处理；不属于本部门职责的，应当及时移送有权处理的部门。

有关部门应当对举报人的相关信息予以保密，保护举报人的合法权益。

条文解读

本条是关于危害网络安全行为的举报及其处理的规定。

一、举报危害网络安全的行为是个人、组织的一项权利

举报是指个人、组织以口头或书面形式向有关部门检举、揭发其所发现的或了解到的有关违法行为并要求其处理的制度，是个人、组织的一项权利。根据网络安全管理工作的实际，本条列举了接受危害网络安全行为举报的主要部门，包括网信、电信、公安部门，个人、组织也可以就危害网络安全的行为向其他负有网络安全保护和监督管理职责的机关举报。

二、有关部门应当及时处理举报

对个人、组织的举报，收到举报的部门应当受理，并根据举报内容、性质等依法、及时作出处理。对举报的处理有明确时限要求的，应当在规定的时限内作出处理；对给予举报人回复有要求的，应当按规定向举报人回复、反馈处理情况。对不属于本部门职责的，收到举报的部门应当及时移送有权处理的部门，接收移送的部门也应当在规定的时限内依法及时处理，不能相互推诿、拖延塞责。

三、举报处理部门的保密义务

为鼓励社会监督，保护举报人的合法权益，接收、处理举报的部门应当对举报人的相关信息主要是举报人的身份信息和举报的内容等予以严格保密，不得泄露。

第二章 网络安全支持与促进

第十五条 国家建立和完善网络安全标准体系。国务院标准化行政主管部门和国务院其他有关部门根据各自的职责，组织制定并适时修订有关网络安全管理以及网络产品、服务和运行安全的国家标准、行业标准。

国家支持企业、研究机构、高等学校、网络相关行业组织参与网络安全国家标准、行业标准的制定。

条文解读

本条是关于网络安全标准体系的规定。

一、网络安全标准的制定

网络安全标准是国家网络安全保障体系的重要组成部分，完善网络安全标准体系是做好网络安全工作的重要举措。当今社会，标准已成为国家核心竞争力的最基本要素。为了保障网络产品、服务及网络运行的安全，许多国家和相关国际组织制定了很多网络安全相关标准，我国政府有关部门依照标准化法的规定，也制定了很多相关的标准。

网络安全法要求国务院标准化主管部门和国务院有关部门组织制定网络安全标准，完善网络安全标准体系，是与我国标准化法的规定相衔接的。我国的标准化法，对标准的种类、制定主体和制定程序等都作了明确规定，制定网络安全相关标准应当遵守标准化法的相关规定。

根据标准化法的规定，对需要在全国范围内统一的技术要求，应当制定国家标准。国家标准由国务院标准化行政主管部门制定。对没有国家标准而又需要在全国某个行业范围内统一的技术要求，可以制定行业标准。行业标准由国务院有关行政主管部门制定。国务院标准化行政主管部门和国务院其他有关部门应当依照本法和标准化法的规定，根据各自的职责，组织制定有关网络安全管理以及网络产品、服务和运行安全的国家标准、行业标准。

二、网络安全标准的修订

标准化法规定，标准实施后，制定标准的部门应当根据科学技术的发展和经济建设的需要适时进行复审，以确认现行标准继续有效或者予以修订、废止。由于信息技术发展更新速度快，网络产品和服务也是日新月异，需要随着信息化技术的发展对网络安全标准及时更新。标准制定部门应当根据本法和标准化法的要求，组织对现行标准适时进行修订、完善，以满足网络安全管理、网络产品和服务以及运行安全的需要。

三、制定网络安全标准的社会参与

标准化法第十二条规定，制定标准应当发挥行业协会、科学研究机构和学术团体的作用。《深化标准化工作改革方案》也要求，国家有关部门和地方在制定强制性标准和推荐性标准时，都要征求有关企业、行业组织的意见。为了鼓励社会参与，保证国家标准、行业标准的科学性，本条根据标准化法的规定，明确国家支持企业、研究机构、高等学校、网络相关行业组织参与网络安全国家标准、行业标准的制定。有关部门在制定、修订网络安全国家标准和行业标准的过程中要保证程序公开、透明，充分征求企业、研究机构、高等学校、网络相关行业组织的意见。

第十六条　国务院和省、自治区、直辖市人民政府应当统筹规划，加大投入，扶持重点网络安全技术产业和项目，支持网络安全技术的研究开发和应用，推广安全可信的网络产品和服务，保护网络技术知识产权，支持企业、研究机构和高等学校等参与国家网络安全技术创新项目。

条文解读

本条是关于支持网络安全技术和产业发展的规定。

随着信息技术的发展，互联网已经成为整个社会运行的重要基础。信息和通信技术是所有经济部门依赖的重要资源，许多商业模式的发展都依赖互联网和信息系统的正常运行。而网络安全事件日益威胁人们日常所依赖的供水、医疗、电力和移动通信等基础服务的正常供应；网络犯罪分子使用越来越复杂的手段入侵信息系统，盗取关键数据。网络安全技术在维护网络安全过程中至关重要，网络安全技术的提高，能够提升网络服务的水平和安全性。因此，世界各国都十分重视网络安全技术研发，通过立法、制定战略、政策等，加大对网络安全技术、产业的支持和投入。美国 2002 年通过《2002 年网络安全研发法》，赋予国家科学基金会和国家标准与技术研究院开展网络安全研究的职责；实施“网络和信息技术研究发展计划”资助网络安全、高端计算系统等重大先进信息技术项目。2013 年欧盟发布的《欧盟网络安全战略》提出，制定鼓励研发、支持产业发展的政策；利用公共行政机构的购买力（如政府采购），促进信息通信技术产品和服务安全性能的提升。欧盟还通过“地平线 2020 研究与创新框架计划”，支持新兴信息通信技术的安全研究。

近年来，我国实施创新驱动发展战略，采取多种措施支持科技研发，促进科技成果转化应用。在网络安全和信息化领域，通过不断加大资金投入等措施支持网络安全技术研发和高新技术产品推广，提升网络安全保护水平，促进信息技术和产业发展。网络安全法据此对国务院和省级政府支持网络安全技术和产业发展作了原则规定，要求国务院和省、自治区、直辖市人民政府统筹规划，加大投入，扶持重点网络安全技术产业和项目，支持网络安全技术的研究开发和应用，推广安全可信的网络产品和服务，保护网络技术知识产权，支持企业、研究机构和高等学校等参与国家网络安全技术创新项目。

第十七条　国家推进网络安全社会化服务体系建设，鼓励有关企业、机构开展网络安全认证、检测和风险评估等安全服务。

条文解读

本条是关于国家推进网络安全社会化服务体系建设的规定。

网络安全认证、检测和风险评估，是按照相关标准和操作规程所进行的合格评定程序，是我国标准化法确立的重要制度，也是国际通行做法。当前，我国网络安全专业服务快速发展，相关专业服务机构广泛开展网络产品和服务以及网络运行管理等方面的安全认证、检测和风险评估业务，在提升网络产品和服务的质量和安全性以及网络安全保护水平等方面，发挥着越来越重要的作用。本法第二十三条明确要求，网络关键设备和网络安全专用产品应当按照相关国家标准的强制性要求，由具备资格的机构安全认证合格或者安全检测符合要求后，方可销售或者提供。

本法第三十八条要求，关键信息基础设施的运营者应当自行或者委托网络安全服务机构对其网络的安全性和可能存在的风险每年至少进行一次检测评估。这些认证、检测和风险评估需要专业服务机构来进行。此外，在实践中，有许多网络产品和服务的提供者以及网络运营者为加强质量和安全管理，应对网络安全风险和威胁，提升企业信誉，自愿委托专业服务机构开展安全认证、检测和风险评估。为进一步促进网络安全社会化服务的发展，发挥其提升网络安全保护水平的积极作用，本条就推进网络安全社会化服务体系建设，鼓励有关企业、机构开展网络安全服务作出原则规定，推动有关方面出台具体支持政策和措施。

第十八条 **国家鼓励开发网络数据安全保护和利用技术，促进公共数据资源开放，推动技术创新和经济社会发展。**

国家支持创新网络安全管理方式，运用网络新技术，提升网络安全保护水平。

条文解读

本条是关于鼓励网络数据利用和支持创新网络安全管理方式的规定。

一、鼓励网络数据利用

当前，信息技术与经济社会各领域的深度融合，引发了网络数据爆发式增长，对巨量网络数据进行采集、加工和分析，能够总结经验、发现规律、预测趋势、辅助决策。数据产业正在成为新的经济增长点，并持续激发商业模式创新，不断催生新业态，已成为互联网等新兴领域促进业务创新增值、提升企业核心价值的重要驱动力，在全球范围内，运用网络数据推动经济发展、完善社会治理、提升政府服务和监管能力正成为趋势。我国高度重视数据产业的发展，出台了多项政策措施，鼓励数据产业技术发展和应用，大力推动大数据在政府管理、公共服务以及产业发展中的作用。2015 年 8 月，国务院印发《促进大数据发展行动纲要》提出，围绕大数据计算系统与分析理论等重大基础研究进行前瞻布局，开展数据科学研究，引导和鼓励在大数据理论、方法及关键应用技术等方面展开探索。加强海量数据存储、数据清洗、数据分析发掘、数据可视化、信息安全与隐私保护等领域关键技术攻关，形成安全可靠的大数据技术体系。“十三五”规划提出，深化大数据在各行业的创新应用，探索与传统产业协同发展新业态、新模式，加快完善大数据产业链。加快海量数据采集、存储、清洗、分析发掘、可视化、安全与隐私保护等领域关键技术攻关。

公共数据是网络数据的重要组成部分，公共数据开放是提高政府透明度的客观要求，也是促进大数据发展、发挥公共数据经济社会价值的必然选择。近年来，许多国家通过发布相关战略或政策文件来指导、推动政府数据开放。我国也高度重视公共数据开放，《促进大数据发展行动纲要》提出，要在依法加强安全保障和隐私保护的前提下，稳步推动公共数据资源开放。推动建立政府部门和事业单位等公共机构数据资源清单，按照“增量先行”的方式，加强对政府部门数据的国家统筹管理，加快建设国家政府数据统一开放平台。制定公共机构数据开放计划，落实数据开放和维护责任，推进公共机构数据资源统一汇聚和集中向社会开放。“十三五”规划提出，加快建设国家政府数据统一开放平台，推动政府信息系统和公共数据互联开放共享。制定政府数据共享开放目录，依法推进数据资源向社会开放。

网络安全法根据国家产业政策，从法律层面要求鼓励开发网络数据安全保护和利用技术，促进公共数据资源开放，以进一步促进大数据发展，发挥网络数据在推动技术创新和经济社会发展方面的作用。

二、支持创新网络安全管理方式

维护网络安全的工作是一项系统工程，管理是关键、技术是基础，更新管理理念、创新管理方式、运用领先的技术对保障网络安全至关重要。当前，网络技术创新、发展迅速，新的网络安全风险和威胁也层出不穷。不论是企业还是政府管理部门，只有创新网络安全管理方式，及时掌握、积极运用网络新技术，才能有效应对新的网络安全风险和威胁，不断提升网络安全保护水平。为此，本条对国家支持网络安全管理方式的创新和网络新技术在网络安全领域的运用作了原则规定，为出台具体支持政策措施提供依据。

第十九条　各级人民政府及其有关部门应当组织开展经常性的网络安全宣传教育，并指导、督促有关单位做好网络安全宣传教育工作。

大众传播媒介应当有针对性地面向社会进行网络安全宣传教育。

条文解读

本条是关于网络安全宣传教育的规定。

维护网络安全是全社会共同的责任。社会公众作为网络空间最基本的行为主体，其网络安全意识和防护技能对于维护网络安全及其自身合法权益至关重要。加强面向社会公众的网络安全宣传教育，提升全社会的网络安全意识和水平，构筑网络安全的第一道防线是国家网络安全保障体系建设的重要方面。当前，世界各国对此都极为重视。美国将每年10月定为网络安全意识月；从2010年起，每年举办一次国家网络安全意识挑战赛，以强化公众特别是青少年的网络安全意识，普及和提高应对网络威胁的能力。《欧盟网络安全战略》提出，通过欧洲网络与信息安全局发布公告、组织专家研讨会等多种方式来提高公众的网络安全意识。

本条从两个方面对加强网络安全宣传教育工作提出了要求：一是，要求政府和政府有关部门组织开展经常性的网络安全宣传教育，并指导、督促有关单位做好网络安全宣传教育工作。各级人民政府应当加强对网络安全宣传教育工作的领导，制定宣传教育规划、计划，并督促有关部门落实。网信、电信、公安、教育等各有关部门应当按照本级政府的部署和本部门职责，组织开展相关领域的网络安全教育，并加强对有关单位的指导和督促。二是，要求大众传播媒介有针对性地面向社会进行网络安全宣传教育。网络、电视、电台、报纸杂志等媒体，应当履行法律义务和社会责任，面向全社会开展多种形式的网络安全宣传教育。网络安全宣传教育的主要内容是，传播网络安全知识，普及网络安全法律法规，倡导良好网络行为，以增强全社会的网络安全和法治意识，提升广大网民的网络安全防护水平，形成全社会共同参与促进网络安全的良好环境。

第二十条　国家支持企业和高等学校、职业学校等教育培训机构开展网络安全相关教育与培训，采取多种方式培养网络安全人才，促进网络安全人才交流。

条文解读

本条是关于支持培养网络安全人才的规定。

人才是网络安全工作的第一资源。维护网络安全，必须依靠高素质人才队伍。近些年来，国内外都非常重视网络安全人才问题，采取多种方式支持培养网络安全人才。美国《2002 年网络安全研发法》明确规定了国家资助网络安全技术人才培养的措施；《2014 年网络安全人员评估法案》要求国土安全部长制定、完善提高网络安全人员的能力以及招聘、保留网络安全人员的人力资源管理战略和计划；2015 年《国防部网络安全战略》要求国防部制定并实施强化网络安全人才培养的计划。近年来，我国网络安全人才建设也取得重要进展。2015 年，教育部将“网络空间安全”设为一级学科，并制订了学位基本要求和教学质量国家标准。2016 年，首个网络安全专项基金成立，专门用于国家网络安全人才培养和奖励。但从总体上看，我国网络安全人才培养整体上还存在数量缺口较大、能力素质不高、结构不尽合理等问题，与维护网络安全、建设网络强国的要求不相适应。

为了进一步支持网络安全人才培养工作，本条规定了以下措施：一是，支持高等学校、职业学校加强网络安全人才培养。有关部门应当采取措施，支持高等学校、职业学校加强网络安全师资队伍建设，支持高等院校大力引进国外网络安全领域高端人才和青年骨干教师出国培训进修，吸引和鼓励专业知识好、富有网络安全工作和教学经验的人员从事网络安全教学工作，聘请经验丰富的网络安全技术和管理专家、民间特殊人才担任兼职教师；促进网络安全职业教育发展，加强高等教育与职业教育衔接，鼓励培养多层次网络安全人才；支持提高高等学校、职业学校网络安全相关专业教学研究的针对性、实践性，鼓励学生在校阶段积极参与创新创业。二是，支持相关企业开展网络安全人才培训。鼓励企业依托自身技术、资金等优势，开展网络安全人才培养培训；支持企业与高等院校、职业学校等协同协作培养网络安全人才；打破界限，让网络安全人才在政府、企业、高等学校间有序顺畅流动。

第三章　网络运行安全

第一节　一 般 规 定

第二十一条　国家实行网络安全等级保护制度。网络运营者应当按照网络安全等级保护制度的要求，履行下列安全保护义务，保障网络免受干扰、破坏或者未经授权的访问，防止网络数据泄露或者被窃取、篡改：

（一）制定内部安全管理制度和操作规程，确定网络安全负责人，落实网络安全保护责任；

（二）采取防范计算机病毒和网络攻击、网络侵入等危害网络安全行为的技术措施；

（三）采取监测、记录网络运行状态、网络安全事件的技术措施，并按照规定留存相关的网络日志不少于六个月；

（四）采取数据分类、重要数据备份和加密等措施；

（五）法律、行政法规规定的其他义务。

条文解读

本条是关于网络安全等级保护制度的规定。

一、网络安全等级保护制度

网络安全等级保护制度是我国现行的网络安全领域的一项重要制度。1994 年国务院制定的《计算机信息系统安全保护条例》规定：计算机信息系统实行安全等级保护，安全等级的划分标准和安全等级保护的具体办法由公安部会同有关部门制定。2007 年公安部等部门制定的《信息安全等级保护管理办法》规定，信息系统的安全保护等级根据信息系统在国家安全、经济建设、社会生活中的重要程度，信息系统遭到破坏后对国家安全、社会秩序、公共利益以及公民、法人和其他组织的合法权益的危害程度等因素确定，分为五级，从第一级至第五级的保护要求渐次提高，并规定了每个等级的范围、信息系统运营者的义务及应对措施等。公安部和标准化主管部门制定了相关标准，明确了网络安全等级定级标准、程序以及各个方面的具体要求。网络安全法总结实践经验，对该制度的名称作了调整，改为网络安全等级保护制度，对其主要内容作了规定。国务院有关部门应当根据本法完善相关配套规定，确保网络安全等级保护制度落到实处。

二、网络安全等级保护制度的主要内容

网络安全等级保护制度的主要内容可以分为技术类安

全要求和管理类安全要求两大类。技术类安全要求主要从物理安全、网络安全、主机安全、应用安全和数据安全几个层面提出，通过在信息系统中部署软硬件并正确配置其安全功能来实现；管理类安全要求主要从安全管理制度、安全管理机构、人员安全管理、系统建设管理和系统运维管理几个方面提出，通过控制各种角色的活动，从政策、制度、规范、流程以及记录等方面作出规定来实现。本条根据网络安全等级保护制度，对网络运营者的安全保护义务作了基本规定，主要包括以下几个方面：

1. 制定内部安全管理制度和操作规程，确定网络安全负责人，落实网络安全保护责任。内部安全管理制度是网络运营者制定的有关网络安全管理组织架构、人员配备、行为规范、管理责任的规则；操作规程是网络运营者制定的有关人员在操作设备或办理业务时应当遵守的程序或者步骤。网络运营者应当依照法律、行政法规及网络安全等级保护制度的规定，制定内部安全管理制度和操作规程，细化并落实安全管理义务，根据不同保护等级设置安全管理机构、安全管理人员、安全主管、安全管理负责人等，并明确相关机构和人员的职责。安全管理制度和操作规程规定的每一项具体制度、每一个操作步骤都应当有具体的责任人，哪个环节出了责任事故都要有相应的人员负责。

2. 采取防范危害网络安全行为的技术措施。网络运营者应当依照法律、行政法规及网络安全等级保护制度的规定，切实采取技术防范措施，从技术上防范计算机病毒和网络攻击、网络侵入等网络安全风险。例如，安装防病毒软件，防范计算机病毒；安装网络身份认证系统、网络入侵检测系统、网络风险审计系统等，防范网络攻击、侵入；安装自动报警系统，当检测到安全风险时自动报警等。

3. 配备相应的硬件和软件监测、记录网络运行状态、网络安全事件，按照规定留存相关网络日志。网络日志是对网络信息系统的用户访问、运行状态、系统维护等情况的记录，对于追溯非法操作、未经授权的访问，并维护网络安全以及调查网络违法犯罪活动具有重要作用。我国相关行政法规和标准对网络日志的留存及其期限作了规定，一些国家的法律也对留存网络日志作了规定。网络安全法根据维护网络安全的需要，借鉴有关国家的做法，对网络日志留存及留存的期限作了规定。同时，考虑到网络日志的种类较多，哪些需要按照本条规定留存不少于六个月，需要根据维护网络安全的实际来确定，因此，本条规定，网络运营者应当按照规定留存相关的网络日志不少于六个月。

4. 采取数据分类、重要数据备份和加密等措施。数据分类就是按照某种标准，例如重要程度，对数据进行区分、归类。数据备份就是为防止系统故障或者其他安全事件导致数据丢失，而将数据从应用主机的硬盘或阵列复制、存储到其他存储介质。数据加密就是通过加密算法和密钥将明文数据转变为密文数据，从而实现数据的保密性。网络运营者应当依照本法和有关法律、行政法规以及网络安全等级保护制度的规定，采取数据分类、重要数据备份和加密等措施，保护网络数据安全。

5. 网络运营者的其他义务。除了本法规定的义务外，网络运营者还应当履行其他有关法律、行政法规规定的网络安全保护义务。

第二十二条 网络产品、服务应当符合相关国家标准的强制性要求。网络产品、服务的提供者不得设置恶意程序；发现其网络产品、服务存在安全缺陷、漏洞等风险时，应当立即采取补救措施，按照规定及时告知用户并向有关主管部门报告。

网络产品、服务的提供者应当为其产品、服务持续提供安全维护；在规定或者当事人约定的期限内，不得终止提供安全维护。

网络产品、服务具有收集用户信息功能的，其提供者应当向用户明示并取得同意；涉及用户个人信息的，还应当遵守本法和有关法律、行政法规关于个人信息保护的规定。

条文解读

本条是关于网络产品和服务提供者保证安全和保护个人信息的义务的规定。

一、网络产品、服务提供者的安全义务

1. 网络产品、服务应当符合相关国家标准的强制性要求。本法所称的网络产品和服务，指的是作为网络组成部分以及维持网络功能的设备、软件和服务。要维护网络安全，首先要保障这些组成网络并维持网络正常功能的产品和服务的安全。国家标准是对重要产品等需要在全国范围内统一适用的技术要求，网络产品和服务应当符合相关国家标准的强制性要求。目前网络产品、服务的标准多为推荐性的行业标准。国务院有关部门应当按照本法要求，根据实际需要和标准化的规定，抓紧制定相关产品和服务的强制性国家标准；对于尚未制定强制性国家标准的网络产品和服务，按照产品质量法的规定，也必须符合保障人体健康和人身、财产安全的要求。

2. 不得设置恶意程序。恶意程序是指专门编写的用于实施网络攻击、干扰网络正常使用、窃取网络数据等行为的程序，通常是指计算机病毒以及侵害用户软件安装、使用和卸载知情权、选择权的恶意软件。设置恶意程序，将对网络安全或者他人合法权益带来严重损害，应当予以禁止。

3. 发现网络风险及时采取应对措施。网络产品和服务的安全缺陷、漏洞等风险，由于技术原因等有时难以避免，但网络产品和服务的提供者在发现安全风险后负有及时应对的义务。消费者权益保护法第十九条规定，经营者发现

其提供的商品或者服务存在缺陷，有危及人身、财产安全危险的，应当立即向有关部门报告和告知消费者，并采取相应的处置措施。与消费者权益保护法的上述规定相衔接，本条要求网络产品和服务的提供者发现其网络产品、服务存在安全缺陷、漏洞等风险时，应当立即采取补救措施，按照规定及时告知用户并向有关主管部门报告，以防止风险扩大或者避免损害发生，以维护用户的合法权益。在实践中，有些安全风险的危害较大，需要及时告知用户采取防范措施，避免或减少损失；有的安全危害不大，频繁告知用户反而可能会给用户造成一定的恐慌。因此，本条对网络产品和服务提供者的安全风险告知的具体情形、程序、时限等，未作具体规定，可由相关配套规定进一步明确。

二、网络产品、服务提供者的安全维护义务

由于网络的特殊性，网络产品和服务通常都需要进行经常性地安全维护，以弥补安全缺陷，防范可能的安全风险。在目前的实践中，也有一些网络产品和服务的提供者，从市场竞争和商业利益等因素考虑，凭借市场优势地位，不合理地中断安全维护服务，给广大用户造成不便和安全风险，网络安全法对此作了有针对性的规定。我国消费者权益保护法也规定，经营者应当保证在正常使用商品或者接受服务的情况下，其提供的商品或者服务应当具有的质量、性能、用途和有效期限，应当依法承担退货、更换、维修等义务。本条要求网络产品和服务提供者对其产品和服务持续提供安全维护服务，是消费者权益保护法相关规定的具体体现。网络运营者应当切实履行本条规定的安全维护义务，在规定或者当事人约定的期限内，不得终止提供安全维护。在实践中可综合产品、服务的重要程度、使用范围、终止安全服务后可能造成的后果等因素合理确定应当提供安全维护的期限。

三、网络产品、服务提供者的用户信息保护的义务

目前，越来越多的网络产品、服务具有收集用户信息的功能，同时存在信息收集功能被滥用的情形。由于网络产品、服务提供者未在用户购买、使用产品或服务时告知用户，导致许多用户在不知情的情况下相关信息被收集、使用，侵害用户合法权益。本法第四章对网络运营者的用户信息保护义务作了规定，但这一章规定的网络运营者并不能涵盖网络产品、服务的提供者。因此，本条特别作了衔接性规定，要求网络产品、服务的提供者应当向用户明示并取得同意后，方可收集用户信息；涉及用户个人信息的，还应当遵守本法和有关法律、行政法规关于个人信息保护的规定。

第二十三条　网络关键设备和网络安全专用产品应当按照相关国家标准的强制性要求，由具备资格的机构安全认证合格或者安全检测符合要求后，方可销售或者提供。国家网信部门会同国务院有关部门制定、公布网络关键设备和网络安全专用产品

目录，并推动安全认证和安全检测结果互认，避免重复认证、检测。

条文解读

本条是关于网络关键设备和网络安全专用产品安全认证和安全检测的规定。

一、网络关键设备和网络安全专用产品的安全认证和安全检测

按照相关标准和程序对产品进行认证、检测，是我国标准化法确立的重要制度，也是国际通行做法。依据我国电信条例的规定，国务院电信主管部门建立了电信设备进网许可制度，对电信终端设备、无线电通信设备、网间互联设备进行检测；依据计算机信息系统安全保护条例的规定，国务院公安等部门建立了网络安全专用产品销售许可制度，对用于保护计算机信息系统安全的专用硬件和软件产品进行安全功能检测。网络安全法总结我国经验，对网络关键设备和网络安全专用产品安全认证、检测制度作了规定。根据本条的规定，销售或者提供网络关键设备和网络安全专用产品均需要通过安全认证和安全检测。这里的“提供”既包括有偿供他人使用，也包括无偿供他人使用。

二、对网络关键设备和网络安全专用产品的安全认证和安全检测的要求

在目前的实践中，我国有多个政府部门依据各自职责开展网络相关设备和产品的安全认证和安全检测，产品范

围有重复，认证检测的项目有交叉，要求和标准也不统一，致使需要重复认证、检测，造成资源浪费，增加企业负担。针对实践中的情况，本条要求国家网信部门会同国务院有关主管部门从两个方面开展工作，避免重复认证、检测：一是制定和公布网络关键设备和网络安全专用产品目录，提高安全认证和检测的透明度，避免应检产品的重复。二是推动安全认证和安全检测结果互认，减少某一类产品认证、检测项目的重复。

第二十四条 网络运营者为用户办理网络接入、域名注册服务，办理固定电话、移动电话等入网手续，或者为用户提供信息发布、即时通讯等服务，在与用户签订协议或者确认提供服务时，应当要求用户提供真实身份信息。用户不提供真实身份信息的，网络运营者不得为其提供相关服务。

国家实施网络可信身份战略，支持研究开发安全、方便的电子身份认证技术，推动不同电子身份认证之间的互认。

条文解读

本条是关于网络用户身份管理的规定。

一、实行网络用户身份管理制度的必要性

当前，公民在维护其个人信息安全及其他人身权利、财产权利，有关主管部门在依法查处违法犯罪活动的过程中，存在的一个突出问题是，侵权人、违法犯罪行为人的身份信息没有登记或者登记的信息虚假，导致违法活动成本低，取证、查处难，因此，有必要建立网络用户身份管理制度。世界上许多国家都在立法中对网络用户身份管理制度作了规定。例如，日本《手机不当使用防止法》规定，所有手机用户无论申请新号码还是转让号码，都必须经过机主本人持有效证件进行确认；法国《邮政与电信法》规定，消费者在办理固话、手机业务时必须出示身份证、护照等身份证件并提供个人联系方式；德国《电信法》规定，电信服务提供者必须建立用户资料档案库，记载用户的号码、姓名和地址、合同开始日期以及自然人的出生日期；澳大利亚、韩国、新加坡等国家也要求用户在办理手机入网时应当提供身份证件；美国的后付费手机在入网时均被要求提供社会安全号并核对身份证件；对预付费手机，运营商也都要求用户提供社会安全号或者证明申请人身份的银行卡等证明资料，只有极少数预付费手机用户未实现实名登记。

近年来，我国也高度重视网络用户身份管理问题。2012 年全国人大常委会通过的《关于加强网络信息保护的决定》对网络身份管理制度作了规定。根据全国人大常委会的决定，工信部制定了《电话用户真实身份信息登记规定》，国家网信办制定了《互联网用户账号名称管理规定》，在电信用户入网环节和互联网应用环节实行用户实名登记管理。2015 年反恐怖主义法从反恐的角度又对网络用户身份管理作了规定，要求电信和互联网业务经营者、服务提供者应当对用户身份进行查验，对身份不明或者拒绝身份查验的不得提供服务。本法在 2012 年全国人大常委会决定的基础上，对网络用户身份管理制度作了完善，以为公民维护自身合法权益、查处利用网络从事违法犯罪活动提供必要条件。

二、网络用户身份管理制度的主要内容

本法规定的用户身份管理制度包括基础环节和应用环节。基础环节包括网络接入、域名注册、固定电话和移动电话入网等。按照我国目前有关网络接入、互联网域名注册以及电话用户身份管理方面的规定，都要求服务提供者在为用户办理业务时，必须要求用户出示有效证件，并予以核对、登记。应用环节包括提供信息发布、即时通讯服务等。按照《互联网用户账号名称管理规定》，互联网信息服务提供者应当按照“后台实名、前台自愿”的原则，要求互联网信息服务使用者通过真实身份信息认证后注册账号。在实际操作中，多数服务提供者是通过手机号进行验证，实现用户身份实名制。要求用户提供真实身份信息是网络运营者的一项法定义务，网络运营者在与用户签订协议或者确认提供服务时，应当要求用户提供真实身份信息，用户不提供真实身份信息的，网络运营者不得为其提供相关服务。

三、关于网络可信身份战略

实现网络身份可信，从而创造可信、安全的网络环境，对于促进网络健康发展，更好发挥网络作用具有重要的战略意义。世界上一些国家高度重视网络可信身份体系建设，比如，美国于2011年发布了网络空间可信身份国家战略，旨在通过建立身份生态系统，使个人和组织能够在充满信心、增强隐私保护的环境下，运用安全、高效、易用、可操作的数字身份使用网络在线服务。该战略支持多种身份认证系统并存，通过制定统一的标准使其实现相互认证，以方便用户使用。欧盟在有关计划中提出要建立一个覆盖整个欧盟的身份管理体系，通过该体系的建设，来加强个人、组织以及各个实体之间的相互信任，将使成员国之间的互相操作性为所有公共和私人服务提供者接受，建立强大的身份验证、数据保护和隐私保护能力。我国政府有关部门对此也十分重视，对建设网络可信身份体系进行了研究。本法将网络可信身份建设提升到战略高度，并明确支持研究开发安全、方便的电子身份认证技术，推动不同电子身份认证之间的互认，以推动建立网络可信身份技术方案和规划并实施，以创造更加安全、可信的网络环境，大力促进网络的普及、使用和发展。

第二十五条 网络运营者应当制定网络安全事件应急预案，及时处置系统漏洞、计算机病毒、网

络攻击、网络侵入等安全风险；在发生危害网络安全的事件时，立即启动应急预案，采取相应的补救措施，并按照规定向有关主管部门报告。

条文解读

本条是关于网络运营者防范和应对网络安全事件义务的规定。

一、制定网络安全事件应急预案

应急预案是指突发事件应急方针、政策，应急组织结构及其职责，应急行动、措施和保障等方面的要求和程序的文件。为了有效应对、处置网络安全事件，保障网络安全、稳定运行，本条要求网络运营者制定网络安全事件应急预案。网络运营者应当结合自身生产经营情况，对系统漏洞、计算机病毒、网络攻击、网络侵入等安全风险进行系统评估并作出预测，提出应对网络安全事件的指导思想、基本策略，组织机构、人员、技术、物资保障，指挥处置程序、应急和支持措施等，制定形成预案，使网络安全事件应急处置工作有章可循、有据可依。应急预案通常应当包括下列内容：（1）明确有关各方的分工和责任；（2）明确各类事故的诊断方法和流程；事故场景应覆盖电力故障、火情水灾、人为破坏、病毒爆发、网络攻击、计算机硬件故障、操作系统故障、系统漏洞、应用系统故障以及其他各类与网络相关的故障；（3）制定网络恢复流程和应急处置操作手册；(4) 明确应急恢复过程中的关键状态，并明确不同状态的沟通和报告内容及等级；(5) 明确应急相关人员的协调内容和沟通方式；(6) 明确系统重建步骤，确保网络恢复正常业务处理能力。

二、网络安全事件的补救措施

在发生危害网络安全的事件时，网络运营者应当立即启动应急预案，根据应急预案采取相应的补救措施，及时查明影响范围，分析、确定事件原因，提出防止危害扩大及恢复网络正常功能的措施和方案并组织实施，将危害造成的损失降低到最小。同时，为监督网络运营者履行网络安全事件处置义务，并防止网络安全事件的危害扩大、蔓延，本条还要求网络运营者按照规定向有关主管部门报告网络安全事件及其应急处置的情况。

第二十六条　开展网络安全认证、检测、风险评估等活动，向社会发布系统漏洞、计算机病毒、网络攻击、网络侵入等网络安全信息，应当遵守国家有关规定。

条文解读

本条是关于开展网络安全服务活动应当遵守国家有关规定的规定。

当前，我国网络安全服务快速发展，相关服务机构广泛开展网络产品服务以及网络运行管理等方面的安全认证、检测和风险评估业务，在提升网络产品和服务的质量和安全性以及网络安全保护水平等方面，发挥着越来越重要的作用。本法第二十三条明确要求，网络关键设备和网络安全专用产品应当按照相关国家标准的强制性要求，由具备资格的机构安全认证合格或者安全检测符合要求后，方可销售或者提供。本法第三十八条要求，关键信息基础设施的运营者应当自行或者委托网络安全服务机构对其网络的安全性和可能存在的风险每年至少进行一次检测评估。这些认证、检测和风险评估需要专业服务机构来进行。此外，在实践中，有许多网络产品和服务的提供者以及网络运营者为加强质量和安全管理，应对网络安全风险和威胁，提升企业信誉，自愿委托专业服务机构开展安全认证、检测和风险评估。还有一些机构、个人根据自己对网络安全风险的评估、监测，向社会发布网络安全信息，为防范网络安全风险发挥了积极作用。与此同时，也应当看到，网络安全服务和网络安全信息发布活动也存在一些突出的问题，有的机构能力不足、服务不规范，有的机构和个人甚至滥用自己的专业技术和掌握的信息，通过各种手段谋取非法利益。因此，有必要对网络安全认证、检测、风险评估和发布网络安全信息等活动进行必要的规范。考虑到网络安全服务活动种类较多，对其管理目前还缺少成熟的制度，因此本法只对这个问题作了原则规定，为有关部门制定具体规则和开展执法提供依据。

第二十七条 **任何个人和组织不得从事非法侵入他人网络、干扰他人网络正常功能、窃取网络数据等危害网络安全的活动；不得提供专门用于从事侵入网络、干扰网络正常功能及防护措施、窃取网络数据等危害网络安全活动的程序、工具；明知他人从事危害网络安全的活动的，不得为其提供技术支持、广告推广、支付结算等帮助。**

条文解读

本条是关于禁止危害网络安全行为的规定。

一、不得从事侵入他人网络、干扰他人网络正常功能、窃取网络数据等危害网络安全的活动

“侵入”，是指未经他人授权，通过技术手段进入他人网络。“干扰他人网络正常功能”，是指对网络功能进行删除、修改、增加、干扰，造成计算机信息系统不能正常运行。“窃取网络数据”，是指未经他人允许，采用技术手段，获取网络中存储、传输、处理的数据的行为。对上述三类危害网络安全的行为，有关法律、行政法规已经规定为违法犯罪行为，本条的规定是与相关法律、行政法规的规定相衔接的。例如，电信条例规定，任何组织或者个人不得对电信网的功能或者存储、处理、传输的数据和应用程序进行删除或者修改；利用电信网络从事窃取或者破坏他人信息、损害他人合法权益的活动；故意制作、复制、传播计算机病毒或者以其他方式攻击他人电信网络等电信设施；危害电信网络安全和信息安全的其他行为。治安管理处罚法对下列危害网络安全的行为规定了治安管理处罚：违反国家规定，侵入计算机信息系统，造成危害的；对计算机信息系统功能进行删除、修改、增加、干扰，造成计算机信息系统不能正常运行的；对计算机信息系统中存储、处理、传输的数据和应用程序进行删除、修改、增加的；故意制作、传播计算机病毒等破坏性程序，影响计算机信息系统正常运行的。刑法第二百八十五条、第二百八十六条对下列危害网络安全的行为规定了刑事处罚：违反国家规定，侵入国家事务、国防建设、尖端科学技术领域的计算机信息系统；侵入其他计算机信息系统或者采用其他技术手段，获取该计算机信息系统中存储、处理或者传输的数据，或者对该计算机信息系统实施非法控制；对计算机信息系统功能进行删除、修改、增加、干扰，造成计算机信息系统不能正常运行；对计算机信息系统中存储、处理或者传输的数据和应用程序进行删除、修改、增加的操作的。相关司法解释还对上述危害网络安全的行为作了具体界定。

二、不得为他人从事危害网络安全的活动提供专门程序、工具

根据《最高人民法院、最高人民检察院关于办理危害计算机信息系统安全刑事案件应用法律若干问题的解释》的规定，上述程序、工具是指，具有避开或者突破计算机信息系统安全保护措施，未经授权或者超越授权，获取计算机信息系统数据的功能，对计算机信息系统实施控制的功能，以及其他专门设计用于侵入、非法控制计算机信息系统、非法获取计算机信息系统数据的程序、工具。

向他人提供专门用于从事侵入网络、干扰网络正常功能及防护措施、窃取网络数据等危害网络安全活动的程序、工具，说明行为人具有主观恶意，客观上造成了帮助他人从事危害网络活动的后果，刑法第二百八十五条第三款将这种行为规定为犯罪，本条规定与刑法的规定是相衔接的。

三、不得为他人从事危害网络安全的活动提供帮助

“技术支持”是指为从事危害网络安全的行为提供互联网接入、服务器托管、网络存储、通讯传输等技术方面的帮助。“广告推广”是指为从事危害网络安全的行为做广告宣传或推广，帮助其扩大影响或者获得收入来源。“支付结算”是指为从事危害网络安全的行为或行为人提供收款、转账、取款、付款等服务，为行为人获得资金支持提供便利。明知他人从事危害网络安全的活动，还为其提供技术支持、广告推广、支付结算等帮助，直接或间接地支持和推动了危害网络安全的活动得以实现，足以说明行为人的主观恶意。刑法第二百八十七条之二将明知他人利用信息网络实施犯罪，为其犯罪提供互联网接入、服务器托管、网络存储、通讯传输等技术支持，或者提供广告推广、支付结算等帮助的行为规定为犯罪。本条的规定是与刑法的上述规定相衔接的。

第二十八条　网络运营者应当为公安机关、国家安全机关依法维护国家安全和侦查犯罪的活动提供技术支持和协助。

条文解读

本条是关于网络运营者为有关机关提供技术支持和协助义务的规定。

通过立法确立网络运营者为有关执法机关维护国家安全和侦查犯罪的活动提供技术和协助的义务，是维护国家安全和惩治犯罪所必需的，世界许多国家也是这样做的。例如：美国《通信协助执法法》要求电信运营商根据法院命令或者其他的合法授权，采取必要措施对某类通信进行隔离，并保证有关执法机关能够对其实施监听及获取可用的呼叫识别信息、监听到的通信。欧盟1995年《合法拦截电信通讯决议》规定，执法机关可以要求互联网企业提供技术接口，确保被拦截的信息可传输至执法监控设备；《网络犯罪公约》也规定，互联网服务提供者应基于其现有的技术能力，配合、协助主管机关收集或复制境内即时通信数据以及涉及严重犯罪的相关即时内容数据。德国《电信法》规定，提供电信服务的电信系统运营主体应当提供法律规定的技术设施来执行通信协助监控措施。新西兰《电信（监控能力）法》要求，公共电信网络或者电信服务运营商应当具备协助执法机关依法对电信或者服务进行监控的能力，能够以执法机关可以使用的格式发送监控到的有关呼叫数据及电信内容。日本《通信监听法》规定，检察官或者司法警察可以要求通信运营商为其实施窃听，提供连接窃听有关设备等必要协助。

我国有关法律对提供技术支持和协助的范围、措施等作了规定。根据国家安全法、反恐怖主义法、反间谍法以及刑事诉讼法的规定，任何公民和组织对有关机关维护国家安全和侦查犯罪的活动都有提供支持和协助的义务。反恐怖主义法、反间谍法、刑事诉讼法明确规定，公安机关、国家安全机关为获取情报或者追查相关犯罪，根据国家有关规定，经过严格的批准手续，可以采取技术侦察措施。反恐怖主义法还规定，电信业务经营者、互联网服务提供者应当为公安机关、国家安全机关依法进行防范、调查恐怖活动提供技术接口和解密等技术支持和协助。网络安全法规定的网络运营者的该项义务，是与有关国家安全的法律和有关刑事诉讼的法律相衔接的。公安机关、国家安全机关行使此项权力，必须严格按照规定的权限和程序。

第二十九条　国家支持网络运营者之间在网络安全信息收集、分析、通报和应急处置等方面进行

合作，提高网络运营者的安全保障能力。

有关行业组织建立健全本行业的网络安全保护规范和协作机制，加强对网络安全风险的分析评估，定期向会员进行风险警示，支持、协助会员应对网络安全风险。

条文解读

本条是关于网络安全合作的规定。

一、国家支持网络运营者之间开展相关合作

网络互联互通的特点决定了网络安全风险的传递性，网络运营者之间只有相互支持和配合，在网络安全风险应对方面加强合作，才能形成一方安则共安的局面。网络运营者之间的合作可以包括以下几个方面：一是技术方面的合作。网络运营者可以在防范计算机病毒、网络攻击等方面开展合作，相互配合，针对计算机病毒等共同研究提出技术解决方案，也可以合作研究防范网络风险的新技术。二是管理方面的合作。网络运营者可以在安全风险防控、应急处置管理等方面相互交流，共同完善各自的网络安全风险防控和应对管理制度。三是信息方面的合作。网络运营者可以在网络风险信息收集、通报等方面加强合作，实现网络安全相关信息的共享，共同防范和处置网络安全事件。国家支持网络运营者之间开展网络安全合作，共同提高网络安全保障能力。

二、行业组织组织开展网络安全协作

行业组织是同行业的自然人、法人或者其他组织在平等、自愿原则的基础上，依法成立并按照章程开展活动的非营利性自律组织，旨在增加共同利益，维护共同合法权益。网络安全事关网络运营者的切身利益，维护网络安全，除了加强政府监管、落实网络运营者的责任外，还应当充分发挥有关行业组织的作用。行业组织在加强网络安全协作方面的作用主要体现在以下几个方面：一是制定本行业的网络安全保护规范和协作机制，为加强本行业协作提供制度和机制保护。二是加强网络安全风险分析评估，为本组织会员掌握风险、提前应对提供协助。三是向会员进行风险警示，在进行网络安全风险分析评估的基础上，可以定期向会员发出风险警示，及早防范网络安全事件的发生。四是为会员提供人才、技术和信息等方面的支持，帮助会员有效应对网络安全风险。

第三十条　网信部门和有关部门在履行网络安全保护职责中获取的信息，只能用于维护网络安全的需要，不得用于其他用途。

条文解读

本条是关于网信部门和有关部门在履行职责中获取的信息使用用途的规定。

网信、工信、公安等负有网络安全保护职责的部门在履行网络安全保护职责中不可避免地会获取到有关组织和个人的信息。这些信息有的可能涉及有关个人的隐私，有的可能涉及有关企业的商业秘密，一旦泄露，会给这些组织和个人的合法权益造成损害。为了保护个人和组织的合法权益，并鼓励其向负责网络安全保护的部门提供网络安全相关信息，本条对网信部门和有关部门在履行网络安全保护职责中获取的信息的用途作了限制，即只能用于维护网络安全的需要，不能用于其他用途。有关部门应当遵守必要性原则，严格限定信息的使用范围，并建立健全信息使用的批准和执行程序，防止信息的不合理使用。

第二节　关键信息基础设施的运行安全

第三十一条　国家对公共通信和信息服务、能源、交通、水利、金融、公共服务、电子政务等重要行业和领域，以及其他一旦遭到破坏、丧失功能或者数据泄露，可能严重危害国家安全、国计民生、公共利益的关键信息基础设施，在网络安全等级保护制度的基础上，实行重点保护。关键信息基础设施的具体范围和安全保护办法由国务院制定。

国家鼓励关键信息基础设施以外的网络运营者自愿参与关键信息基础设施保护体系。

条文解读

本条是关于建立关键信息基础设施安全保护制度的规定。

一、关于关键信息基础设施保护制度

随着信息技术的广泛应用，能源、交通、水利、金融等国民经济重要行业，供电、供水、教育、医疗卫生等关系民生的公共服务领域，以及国家对经济社会事务的管理等，都高度依赖于网络。这些行业和领域的重要网络系统一旦丧失功能、遭到破坏，将给国家安全、公共安全、民生福祉造成不可估量的危害。近年来，世界范围内针对关键信息基础设施的攻击活动频繁发生并造成严重破坏，如伊朗核设施遭受“震网”病毒攻击被破坏，乌克兰电网因受网络攻击致使境内三分之一的地区持续断电，美国域名解析服务器因网络攻击导致众多网络无法访问等。我国的国家顶级域名系统也曾多次遭到大流量拒绝服务攻击，针对我国一些重要行业和政府机构网络的有组织攻击活动也呈上升趋势。当前，加强关键信息基础设施保护已经成为共识，许多国家通过制定法律建立相关制度，将那些为社会提供基础性、关键性服务的设施列为关键基础设施加强保护。比如：美国规定，关键基础设施是指一旦丧失功能或遭到破坏，将对国家安全、经济安全、公众健康产生严重损害，对美国至关重要的实际或虚拟的系统和资产。其关键基础设施保护范围包括通信、信息技术、化工、关键制造、应急服务、水利、核反应堆及材料和废弃物、商业设施、政府设施、运输系统、能源、金融服务、水及污水处理系统、医疗保健和公共卫生、国防工业基地、食品和农业 16 个领域。德国《联邦信息技术安全法》将关键基础设施定义为对社会运行具有重要意义，其停运或受损将造成严重供应不足或危及公共安全的设施，并根据相关标准明确将卫生健康、信息与通信、供水、能源供给、交通运输、银行、保险与股票交易、食品供应 8 个领域作为关键基础设施保护范围。日本《关键信息基础设施保护基本政策》将关键信息基础设施定义为提供明显的难以替代的服务，构成国民生活和社会经济活动基础，如果其功能陷入停止、下降或不可利用的状态，可能给国民生活或社会经济活动带来巨大影响；确定其范围涵盖信息通信、金融、行政、医疗、供排水、电力、燃气、化学、信贷、石油、航空、铁路、物流 13 个领域。同时，各国相关立法和政策也对加强关键信息基础设施保护提出了一些有针对性的制度措施，包括制定实施关键信息基础设施保护计划、确立首席安全官、安全风险评估、安全信息共享、安全事件应急响应等，以提高关键信息基础设施应对安全风险和突发事件的能力。

网络安全法根据我国实践需要，并借鉴一些国家的经验，对关键信息基础设施保护制度作了规定。根据本条规定，关键信息基础设施是指那些一旦遭到破坏、丧失功能或者数据泄露将对国家安全、国计民生、公共利益造成重大影响的重要网络设施和系统，本条列举了公共通信和信息服务、能源、交通、水利、金融、公共服务、电子政务7个领域，但不限于这些领域，其具体范围将由国务院制定具体办法予以确定。

网络安全法将关键信息基础设施运行安全作为网络运行安全的特别规定，明确要在网络安全等级保护制度的基础上，对关键信息基础设施实行重点保护。

二、关于自愿参与关键信息基础设施保护体系

鼓励参与关键信息基础设施保护体系，有利于参与者参考关键信息基础设施保护的相关要求加强自身网络系统的安全保护，并通过共享安全信息、交流保护经验获取最佳的保护方案，不断完善和改进网络安全保护相关措施，提升其网络安全保护水平。同时，通过自愿参与机制，可以使更多的网络运营者参与到网络风险应对、处置的过程中，不断扩大网络安全风险的感知范围，有利于提高网络安全整体态势的感知能力以及网络安全事件处置的协同配合能力。为此，本条专门对国家鼓励关键信息基础设施以外的网络运营者自愿参与关键信息基础设施保护体系作了规定，以扩大关键信息基础设施保护制度共享合作机制的范围，更好发挥关键信息基础设施保护制度在提高网络安全保护水平方面的作用。

第三十二条 按照国务院规定的职责分工，负责关键信息基础设施安全保护工作的部门分别编制并组织实施本行业、本领域的关键信息基础设施安全规划，指导和监督关键信息基础设施运行安全保护工作。

条文解读

本条是关于负责关键信息基础设施安全保护工作部门的职责的规定。

关键信息基础设施涵盖的范围广，分布于电信、能源、金融、交通，以及医疗、供水供气等公共服务，以及电子政务等多个重要行业和领域，由于不同行业和领域的关键信息基础设施所承载的功能和业务存在较大差异，同时基于行业特点，不同关键信息基础设施所面临的安全风险、监管要求、防护重点也不尽相同。因此，应充分发挥各有关主管部门的作用，共同做好关键信息基础设施的网络安全保护工作。这也是一些国家的通行做法。比如：美国确定了10个联邦主管部门负责行业内的关键基础设施保护工作：国土安全部门负责通信和信息技术、化工、关键制造、应急服务、水利、核反应堆及其材料和废弃物、商业设施等7个行业；国土安全部和联邦事务管理总局共同负责政府设施的安全保护；国务安全部和运输部共同负责运输系统；能源部负责能源行业；财政部负责金融服务行业；环境保护署负责水及污水处理系统；卫生与公众健康部负责医疗保健和公共卫生行业；国防部负责国防工业；农业部和卫生与公众健康部共同负责食品和农业。从我国目前的实际做法看，相关行业和领域网络的安全保护工作也是由各相关主管部门负责的。据此，本条对关键信息基础设施的安全保护确立了部门分工负责的体制，但对各负责部门未作具体规定，应当按照国务院规定的职责分工来确定。本条同时规定了负责关键信息基础设施安全保护工作的部门的两项主要职责，一是负责编制并组织实施本行业、本领域的关键信息基础设施安全规划；二是指导和监督关键信息基础设施运行安全保护工作。

第三十三条　建设关键信息基础设施应当确保其具有支持业务稳定、持续运行的性能，并保证安全技术措施同步规划、同步建设、同步使用。

条文解读

本条是关于建设关键信息基础设施的安全要求的规定。

一、建设关键信息基础设施应当确保其性能

关键信息基础设施承载重要产品和服务的供给，对国家安全、公共利益、国计民生有重大影响，法律对关键信息基础设施及其业务的稳定、持续运行提出了更高要求。如银行、证券等金融交易需要全天候进行，支持这些交易的网络系统也必须每天24小时不间断运行，一旦因系统处理能力不足或故障，造成服务中断，将产生重大损失，甚至会影响金融系统稳定。因此，在建设环节就应当确保关键信息基础设施具有支持业务稳定、持续运行的性能。比如：《证券期货业信息安全保障管理办法》规定，证券期货业信息系统应当具有合理的架构，足够的性能、容量、可靠性、扩展性和安全性，能够支持业务的运行和发展；《电信网络运行监督管理办法》规定，基础电信业务经营者应当通过采取多重节点、多重路由、负荷分担、自动倒换、冗余配置等网络架构保护措施，最大限度地减少事故隐患，确保网络运行稳定可靠。关键信息基础设施的运营者应当根据本行业、本系统相关业务的运行特点和发展趋势，在建设阶段对其信息系统应达到的性能进行充分研究论证，合理规划设计系统架构，采用必要的设备和措施，确保关键信息基础设施具有支持其业务持续、稳定运行的性能。

二、建设关键信息基础设施的“三同时”要求

当前，一些网络安全事件的发生，很多是由于在建设项目的设计和施工阶段忽视网络安全保护要求，没有采取相应的安全技术措施或配备相应的安全设施设备，从而导致网络设施建成后存在严重的安全隐患，削弱关键信息基础设施防范网络安全风险的能力，而消除这些隐患往往需要事后付出巨大的代价，从而造成严重的资源浪费甚至造成不可挽回的损失。因此，在关键信息基础设施设计、施工、投入使用阶段做好网络安全技术防护，对于防范网络安全风险、减少网络安全事件的发生具有重要意义。据此，本条要求保障关键信息基础设施运行安全的技术措施，应当与关键信息基础设施的主体工程同步规划、同步建设、同步使用，通常被称为“三同时”制度。关键信息基础设施安全技术措施“三同时”应当达到以下要求：一是，建设项目的设计单位在编制项目设计文件时，应当按照规定编制安全技术措施的设计文件；二是，关键信息基础设施的运营者在编制建设项目投资计划时，应当将安全技术措施所需投资纳入预算；三是，关键信息基础设施的运营者应当要求施工单位严格按照安全技术措施的设计要求施工；四是，在建设项目验收时，应当对安全技术措施进行调试、检测和验收；五是，安全技术措施应当与主体工程同时投入使用。

第三十四条　除本法第二十一条的规定外，关键信息基础设施的运营者还应当履行下列安全保护义务：

（一）设置专门安全管理机构和安全管理负责人，并对该负责人和关键岗位的人员进行安全背景审查；

（二）定期对从业人员进行网络安全教育、技术培训和技能考核；

（三）对重要系统和数据库进行容灾备份；

（四）制定网络安全事件应急预案，并定期进行演练；

（五）法律、行政法规规定的其他义务。

条文解读

本条是关于关键信息基础设施运营者应当履行的安全保护义务的规定。

近年来，我国不断加大对关系国家安全、公共利益、国计民生的行业和领域的重要网络系统的保护力度，有关主管部门制定了一系列规章、规范性文件，对电信、能源、金融、交通等行业重要信息系统的网络安全保护作了规定。网络安全法要求在网络安全等级保护制度的基础上，对关键信息基础设施实行重点保护。本条根据我国关键信息基础设施保护工作的实际，对关键信息基础设施的安全管理要求和技术要求作了更严格的规定。关键信息基础设施的运营者除履行本法第二十一条规定的安全保护义务外，还应当按照本条规定，采取相应的措施，加强关键信息基础设施的网络安全保护。一是，应当完善网络安全管理体系，设置专门安全管理机构和安全管理负责人。安全管理机构和安全管理负责人主要负责组织制定本单位网络安全保护方案和管理制度，对安全管理工作进行协调、指导和监督，以加强对关键信息基础设施网络安全保护工作的领导和统一管理，确保各项安全措施的落实。同时，关键信息基础设施的运营者还应当对安全管理负责人和具有较高权限、能够接触到敏感信息的关键岗位的人员进行安全背景审查，以确定其从事网络安全管理和关键岗位业务的可靠性。二是，应当采取多种方式，定期对从业人员进行网络安全教育、技术培训和技能考核，提高从业人员的网络安全意识和网络安全技术技能。三是，应当对重要系统和数据库进行容灾备份，以保证关键信息基础设施因网络攻击、自然灾害、故障等原因受到影响或者停止运行时，确保备份系统能够替代主系统运行，保证其业务正常进行，数据不会丢失。四是，制定网络安全事件应急预案，并定期进行演练，以提高应急工作人员的能力，检验应急预案的有效性。此外，本条规定了关键信息基础设施运营者在网络安全保护方面的主要义务，关键信息基础设施的运营者还应当履行其他相关法律、行政法规规定的网络安全保护义务。

第三十五条　关键信息基础设施的运营者采购网络产品和服务，可能影响国家安全的，应当通过国家网信部门会同国务院有关部门组织的国家安全审查。

条文解读

本条是关于关键信息基础设施采购的国家安全审查的规定。

为了防止关键信息基础设施因使用的产品和服务存在安全缺陷或其他隐患而受到攻击、破坏，或者其存储、处理的数据资源被窃取、泄露，从而危害国家安全，网络安全法依据世界贸易组织国家安全例外原则，对关键信息基础设施运营者采购网络产品或者服务的国家安全审查作了规定，这也是落实2015年全国人大常委会通过的国家安全法确立的国家安全审查制度的规定。这一制度不同于本法第二十三条规定的网络关键设备和安全专用产品的安全认证和安全检测，本条规定的国家安全审查只在可能影响国家安全的特殊情形下才启动，在对产品和服务的安全性进行审查的同时，还需要对影响国家安全的其他因素进行审查。国家网信部门应当根据本条规定，会同国务院有关部门制定具体审查办法，明确审查的条件、机制、程序等规则。

第三十六条　关键信息基础设施的运营者采购网络产品和服务，应当按照规定与提供者签订安全保密协议，明确安全和保密义务与责任。

条文解读

本条是关于关键信息基础设施采购的安全保密义务的规定。

建设、维护关键信息基础设施，必然要向供应商采购相关产品和服务，产品和服务的供应链风险是关键信息基础设施面临的主要安全风险之一。本条在实践做法的基础上，要求关键信息基础设施的运营者采购网络产品和服务时，应当按照有关规定与提供者签订安全保密协议，明确安全和保密义务与责任。一是，关键信息基础设施的运营者应当加强资质资信审查，慎重选择网络产品和服务的供应商；二是，应当按照规定与供应商签订保密协议，明确供应商的安全义务、保密义务及不履行义务应承担的责任和义务；三是，应当监督供应商进行设备安装、测试、检测、维修、安全维护等各方面的活动，留存操作记录，保证供应商按照协议的规定履行安全和保密义务。

第三十七条 **关键信息基础设施的运营者在中华人民共和国境内运营中收集和产生的个人信息和重要数据应当在境内存储。因业务需要，确需向境外提供的，应当按照国家网信部门会同国务院有关部门制定的办法进行安全评估；法律、行政法规另有规定的，依照其规定。**

条文解读

本条是关于关键信息基础设施有关数据境内存储和向境外提供的规定。

随着经济社会生活的日渐数字化，社会公共服务以及国家对经济社会事务的管理等都高度依赖关键信息基础设施，这也使关键信息基础设施汇集了大量的个人信息和涉及国家安全、经济安全的重要数据。这些重要数据如果转移至境外，关键信息基础设施的运营者对其控制力必将减弱，其安全风险将增加；同时我国境内的个人要维护其个人信息权利，有关机关依法行使职权需要查阅、调取、处置这些数据必将增加难度。为了保护关键信息基础设施存储的个人信息和重要数据的安全，本条要求关键信息基础设施的运营者将在我国境内运营中收集和产生的个人信息和重要数据在我国境内存储。同时，本条考虑了关键信息基础设施运营者跨境业务的需要和网络服务的特点，规定因业务需要经过安全评估可以向境外提供这些数据，此项评估是为了监督并保证对这些数据的保护符合我国的安全要求和标准；本条还考虑到某些国际执法合作及特定商业活动的需要，明确法律、行政法规可以作出特别的规定。根据本条规定，国家网信部门应当会同国务院有关部门制定关键信息基础设施数据对外提供的安全评估办法，以实施这一制度。

第三十八条　**关键信息基础设施的运营者应当自行或者委托网络安全服务机构对其网络的安全性和可能存在的风险每年至少进行一次检测评估，并将检测评估情况和改进措施报送相关负责关键信息基础设施安全保护工作的部门。**

条文解读

本条是关于关键信息基础设施运营者开展网络安全检测评估的规定。

加强关键信息基础设施的安全保护，首先需要了解系统自身的脆弱性和所面临的风险，对关键信息基础设施开展检测评估是获取此类信息的重要途径，将为科学、合理地制定相应的安全保护策略、配置安全保护措施提供依据。作为关键信息基础设施网络安全保护的第一责任人，本条要求其运营者履行相应的义务，自行按照相关规范和标准对关键信息基础设施的日常运行、系统风险和数据管理等情况，以及现有安全技术措施应对网络威胁的有效性、安全配置与安全策略的一致性、安全管理制度的执行情况等进行检测和评估；如果运营者不具备相应的能力，可以委托网络安全服务机构开展此项工作。同时，关键信息基础设施的网络安全保护应当遵循持续改进的原则，贯穿关键信息基础设施的整个生命周期，需要根据安全需求、系统脆弱性、风险威胁程度、系统环境的变化以及对系统安全认识的深化等，及时检查、总结、调整现有的安全策略和保护措施，持续改进网络安全管理体系的有效性。因此，本条要求关键信息基础设施的运营者每年至少进行一次检测评估，根据检测评估情况持续改进安全保护措施，不断提升关键信息基础设施的网络安全保护能力。关键信息基础设施的运营者还应当将检测评估情况和改进措施报送相关负责关键信息基础设施安全保护工作的部门，接受相关部门的指导和监督。

第三十九条 国家网信部门应当统筹协调有关部门对关键信息基础设施的安全保护采取下列措施：

（一）对关键信息基础设施的安全风险进行抽查检测，提出改进措施，必要时可以委托网络安全服务机构对网络存在的安全风险进行检测评估；

（二）定期组织关键信息基础设施的运营者进行网络安全应急演练，提高应对网络安全事件的水平和协同配合能力；

（三）促进有关部门、关键信息基础设施的运营者以及有关研究机构、网络安全服务机构等之间的网络安全信息共享；

（四）对网络安全事件的应急处置与网络功能的恢复等，提供技术支持和协助。

条文解读

本条是关于关键信息基础设施安全保护统筹协作机制的规定。

关键信息基础设施涉及的范围较广，面临的安全风险和威胁来自于多个方面，有必要在关键信息基础设施运营者和有关主管部门承担安全保护工作的基础上，建立统筹协作机制，发挥各方作用，共同应对这些风险和威胁。统筹协作是关键信息基础设施保护制度的核心。比如：美国在确定10个联邦主管部门负责相关领域关键基础设施保护工作外，建立了由国土安全部牵头负责统筹协调工作机制；德国将关键基础设施安全保护的统筹协作职能赋予内政部下属的联邦信息技术安全局；日本则由内阁下设的网络安全战略本部承担这一职责。本条根据国家网信部门的职能，要求其统筹协调有关部门对关键信息基础设施的安全保护采取下列措施：

第一，对关键信息基础设施的安全风险进行抽查检测。国家网信部门应当统筹协调有关部门制定方案，有计划地进行抽查检测，避免重复检测。抽查检测可以确定由有关部门进行，必要时也可以委托网络安全服务机构进行。检测评估的目的是了解、掌握关键信息基础设施存在的网络安全风险以及运营者履行安全保护义务的情况，并提出改进措施，监督、指导运营者不断改进关键信息基础设施保护工作。

第二，组织关键信息基础设施运营者进行应急演练。国家网信部门会同有关部门组织关键信息基础设施运营者连动进行应急演练，可以检验政府部门及运营者之间应急处置指挥的有效性、信息传递的及时性、处置行动的一致性以及预案的科学性，从而提高应对网络安全事件的水平和协同配合能力。

第三，促进关键信息基础设施网络安全信息共享。各相关机构共享网络安全信息，一是，有关部门可以不断增强网络安全风险和威胁的感知能力，为网络安全形势的研判、网络安全风险的预警、网络安全事件的应急处置，以及完善相关管理制度提供依据。二是，关键信息基础设施的运营者可以分享网络安全保护的经验，借鉴其他运营者的最佳实践，提升其安全保护能力。三是，有关研究机构、网络安全服务机构等也可以借此提升本机构的研究和服务水平。

第四，对关键信息基础设施的应急处置和功能恢复提供支持和协助。对一些重大网络安全事件，关键信息基础设施运营者可能难以单独进行应对和处置，需要由相关部门给予必要的支持和协助，以提高网络安全事件应对处置的及时性和有效性，尽可能防止损害的扩大，尽快恢复相关功能和业务。

第四章 网络信息安全

第四十条 **网络运营者应当对其收集的用户信息严格保密，并建立健全用户信息保护制度。**

条文解读

本条是关于网络运营者用户信息保护制度的规定。

随着网络和信息技术的迅猛发展，以及大数据、云计算和移动互联网的广泛应用，网络运营者收集用户信息的范围不断扩大，具有收集信息功能的应用也越来越多。近年来，用户信息尤其是个人信息被泄露、窃取和倒卖的事件时有发生，有的甚至将非法收集到的个人信息数据出卖给商业机构牟利，进而形成了一条倒卖个人信息的黑色产业链，许多商家便利用获取的个人的手机号码、电子邮箱等发送垃圾短信、骚扰电话，影响人民的日常生活，侵犯用户的合法权益。对个人信息的保护事关人民群众的财产安全和生活安宁。从20世纪中后期以来，一些国际组织、国家和地区制定了有关个人信息保护的指南、公约和法律等。1980年经济合作与发展组织制定了《隐私保护与个人数据跨国流通指南》，1981年欧洲理事会制定了《个人资料自动化处理之个人保护公约》，1990年联合国制定了《自动化资料档案中个人资料处理准则》。世界一些主要国家和地区都制定了个人信息保护法：美国1974年制定了《隐私权法案》，德国1976年制定《联邦个人数据保护法》，法国1978年制定《法国自由、档案、信息法》、加拿大1982年制定《隐私法案》、英国1984年制定《数据保护法》、日本2003年制定《个人信息保护法》，2016年欧盟颁布《通用数据保护条例》替代1995年的《数据保护指令》，统一适用于欧盟成员国。目前，我国通过一些专门法律以及决定等对个人信息保护作了规定：2000年《全国人民代表大会常务委员会关于维护互联网安全的决定》第四条规定，非法截获、篡改、删除他人电子邮件或者其他数据资料，侵犯公民通信自由和通信秘密构成犯罪。2009年刑法修正案（七）增加了出售、非法提供公民个人信息罪和非法获取公民个人信息罪。2012年《全国人民代表大会常务委员会关于加强网络信息保护的决定》规定，国家保护能够识别公民个人身份和涉及公民个人隐私的电子信息，并对网络服务提供者在业务活动中收集、使用公民个人电子信息的基本规则作了规定。2013年修改的消费者权益保护法，增加了保护消费者个人信息的规定。2015年刑法修正案（九）补充完善了非法获取、出售、提供公民个人信息犯罪的规定。本法在上述法律、决定的规定的基础上，进一步完善了个人信息保护规范，这些规范与国际通行规则是基本一致的。

本条是对网络运营者保护用户信息义务的原则规定，要求网络运营者对其收集的用户信息严格保密，建立健全用户信息保护制度。其中的用户包括自然人、法人和其他组织，因此本条规定的用户信息包括自然人的个人信息、隐私以及法人和其他组织的商业秘密等信息。侵权责任法、反不正当竞争法以及刑法对隐私和商业秘密的保护已经作了规定，本章重点对自然人的个人信息保护作了规定。

第四十一条 **网络运营者收集、使用个人信息，应当遵循合法、正当、必要的原则，公开收集、使用规则，明示收集、使用信息的目的、方式和范围，并经被收集者同意。**

网络运营者不得收集与其提供的服务无关的个人信息，不得违反法律、行政法规的规定和双方的约定收集、使用个人信息，并应当依照法律、行政法规的规定和与用户的约定，处理其保存的个人信息。

条文解读

本条是关于网络运营者收集、使用个人信息应遵循的原则的规定。

本条根据我国有关法律和个人信息保护工作的实践，对网络运营者收集、使用个人信息的规则作出了规定，这些规则与国际通行规则是一致的。如经济合作与发展组织《隐私保护与个人数据跨国流通指南》规定的收集限制原则、数据质量原则、目的特定化原则、使用限制原则、安全原则、公开原则、个人参与原则等；欧盟《通用数据保护条例》第五条规定的合法、正当、透明原则，特定、明确目的原则，目的适当、相关、限制原则等。

一、合法原则

合法原则即网络运营者收集、使用个人信息必须有合法依据，且收集、使用的方法应当符合法律的规定。合法的依据包括：网络运营者依据本法以及其他法律的规定，收集使用个人信息；也包括网络运营者为用户提供服务签订的协议，但协议不能违反法律；经被收集者同意，即网络运营者收集、使用个人信息应当经过被收集者同意，这也是个人信息保护的核心原则。

二、正当原则

正当原则包括目的特定原则和收集使用限制原则。目的特定是指个人信息的收集、处理与利用应当依据特定、明确的目的进行，禁止超出目的范围收集、使用个人信息。对公共部门而言，收集个人信息通常只能出于履行其职责之特定目的，对非公共部门而言，收集个人信息必须与其提供的服务相关。同时，使用个人信息也应有特定目的，并且通常不能超出收集个人信息前所确定的目的。收集使用限制原则要求收集和使用个人信息应当限定在必要的限度内，不应当超出特定目的的合理范围收集和使用个人信息。网络运营者在设计业务需求以及管理制度时应当将信息的收集、使用限制在履行特定目的所必须的最低限度内。

三、公开透明原则

公开透明原则要求网络运营者公开其收集、使用个人信息的规则，并应当包括收集、使用个人信息的目的、方式和范围，确保个人信息主体的知情权。

第四十二条 网络运营者不得泄露、篡改、毁损其收集的个人信息；未经被收集者同意，不得向他人提供个人信息。但是，经过处理无法识别特定个人且不能复原的除外。

网络运营者应当采取技术措施和其他必要措施，确保其收集的个人信息安全，防止信息泄露、毁损、丢失。在发生或者可能发生个人信息泄露、毁损、丢失的情况时，应当立即采取补救措施，按照规定及时告知用户并向有关主管部门报告。

条文解读

本条是关于个人信息安全原则、个人信息匿名化处理和个人信息泄露报告义务的规定。

一、安全原则

由于个人信息电子化之后，可以轻易而迅速地复制、更改或者清除，如果不采取措施妥善管理，对个人信息安全会造成很大的风险。在网络化的情形下，由于大量个人信息通过公共网络进行传输，很容易在中途被截取，而数据库及内部网络也可能遭黑客侵入，威胁个人信息安全。因此，安全原则也是个人信息保护制度的一项重要原则。安全原则是指个人信息应当处于安全保护之中，以免遭受未经授权的访问和泄露、毁损、丢失。经济合作与发展组织《隐私保护与个人数据跨国流通指南》规定，个人数据应当受到合理的安全保护，以免发生诸如丢失或未经授权的获取、破坏、使用、修改或披露。欧盟《通用数据保护条例》规定，数据处理应当采用适当的技术措施和组织措施，确保数据安全，防止未经授权的访问、非法处理或者数据的丢失、毁损和破坏。本条借鉴了一些国际组织和国家的规定，对个人信息保护的安全原则作了规定：一是要求网络运营者自身不得泄露、篡改、毁损其收集的个人信息；二是要求网络运营者采取必要措施，包括物理的、技术的以及管理的措施，确保个人信息安全，防止其收集的个人信息泄露、毁损、丢失。

二、安全风险的补救和通知

个人信息收集、使用者及时处置个人信息安全风险并及时通知是其一项重要义务。欧盟《通用数据保护条例》第三十三条规定，一旦发生数据泄露事故，如果可行，数据控制者应当在72小时以内毫不迟延的通知监管机构，除非该泄露不可能造成对个人权利和自由的破坏，若未在72小时内报告监管机构，则后续报告应当说明延迟报告的理由。数据处理者应当在意识到泄露事故及风险后及时报告数据控制者。数据泄露报告至少应当包含以下内容：关于数据泄露事故的描述，涉及的数据主体的总量、类型以及数据记录的总量，企业数据保护官的姓名和联系方式，泄露可能造成的结果，企业已经采取的止损措施。数据控制者应当将所有的数据泄露事故予以文档化，以便监管机构能够检查其合规工作。第三十四条规定，如果数据泄露对自然人的权利和自由有很高的风险，数据控制者应当立即通知数据主体。如果数据控制者采取了适当的保护措施，特别是采取的措施（如加密）使得数据难以被一般人理解，或者其后续采取的措施能够使威胁不会产生实际的危害结果，则数据控制者可以不必履行数据泄露报告义务，这些需要数据控制者自行证明。数据监管机构可以根据数据控制者做出的风险判断，强制要求做出报告。虽然个人信息的安全风险多样，可能导致的后果不同，但个人信息的收集、使用者都应当立即采取补救措施进行有效处置，以防止安全事件发生和损害的扩大；同时，对于哪些情形需要向用户告知、向有关部门报告，以及在什么时限内、采取什么方式向用户告知、向有关部门报告，需要根据不同情况作出具体规定。

三、向他人提供个人信息的同意

各国立法都将向他人提供个人信息作为个人信息处理、

使用行为，要求必须取得个人的同意。德国《联邦个人数据保护法》第三条规定，数据处理是指对个人信息的存储、修改、传输、屏蔽以及删除。传输是指将已储存或经信息处理所获得的个人信息，提供给第三人或者由储存单位将信息传达给第三人从储存单位查阅或截取个人信息。第四条规定，只有本法、其他法律允许或者要求以及数据当事人同意才允许收集、处理或者使用个人数据。美国联邦通信委员会于 2016 年 10 月颁布一项规则，要求互联网服务提供商在将用户的个人数据分享或者销售给第三方时，需要获得用户的许可。本法第四十一条对收集、使用个人信息的同意作了规定，考虑到向他人提供个人信息对个人信息权益的影响较大，因此，本条对向他人提供信息需要经过本人同意作了专门规定。

四、个人信息的处理

随着互联网的发展，巨量的个人信息数据日渐成为具有重大价值的资产。通过匿名化方法消除个人信息的用户身份特征后加以利用，成为个人信息数据利用的一种重要方式。一些国家和地区通过最新的立法对个人信息匿名化进行规范。欧盟《通用数据保护条例》在引言部分对于个人数据的匿名化作了界定，匿名化是指将个人数据移除可识别个人信息的部分，并且通过这一方法，数据主体不会再被识别。匿名化数据不属于个人数据，因此无须适用条例的相关要求，机构可以自由地处理匿名化数据。日本 2015

年修改的《个人信息保护法》，增加了匿名加工使用信息企业的义务。匿名加工信息是指将个人信息进行加工，使其无法识别特定个人，且无法对其进行复原的个人信息。匿名加工使用信息企业的义务包括：（1）必须按照个人信息保护委员会的规则，将个人信息及其组成部分进行加工，使其无法识别特定个人且无法复原；（2）必须确保加工方法的保密性；（3）不得与其他信息进行对照，以识别特定个人；（4）向第三方提供时，必须提前公布匿名加工信息包含的项目和提供方法，并告知第三方此为匿名加工信息；（5）禁止在取得匿名加工信息后，获取加工方法，或与其他信息进行对照，以识别特定个人；（6）制定并公布保护匿名加工信息的安全管理措施，受理投诉建议。德国《个人数据保护法》第三十条规定，以匿名传输为目的的经营性的收集、存储数据的，必须将可对人或者事的具体描述指向于确定或可得以确定的自然人的标志单独存储。美国联邦贸易委员会于2016年10月发布了有关匿名化的政策，要求：（1）采取合理措施使得该数据充分去身份化；（2）必须公开承诺，对于处理之后的数据应用将限定在非身份化的模式之下，并承诺不再进行身份识别；（3）如果将这些数据提供给其他第三方，双方必须签订合同，要求第三方不得对数据进行身份的再识别，并采取有效的措施监督对方履行该项义务。为促进大数据发展和应用，本条借鉴一些国家的做法，对个人信息匿名化处理作了规定，作为向他人提供个人信息须经本人同意的例外。即如果个人信息的收集、使用者采用匿名化技术对个人信息进行了处理，使其无法识别出特定个人且不能复原，向他人提供这些匿名化的数据就不须经被收集者同意。对个人信息匿名化处理的具体规则和技术要求等，本条未作具体规定，应当遵守有关标准和技术规范的要求。

第四十三条　个人发现网络运营者违反法律、行政法规的规定或者双方的约定收集、使用其个人信息的，有权要求网络运营者删除其个人信息；发现网络运营者收集、存储的其个人信息有错误的，有权要求网络运营者予以更正。网络运营者应当采取措施予以删除或者更正。

条文解读

本条是关于个人信息删除权和更正权的规定。

一、个人信息删除权

个人信息删除权，是指信息主体在具备法定理由的情形下，请求删除其个人信息的权利。欧盟及一些国家的立法对于个人信息删除权作了规定。比如：欧盟《通用数据保护条例》第十七条规定，如符合下列条件，数据主体有权要求数据控制者毫不延迟地删除其个人信息，数据控制者有义务删除：个人信息与收集、使用的目的不再相关；

数据主体撤回同意，且无其他合法事由；数据主体拒绝处理，且数据控制者对个人数据的处理没有合法事由；违反关于收集未成年人个人数据的规定。本条规定，个人发现网络运营者违反法律、行政法规的规定或者双方的约定收集、使用其个人信息的，有权要求网络运营者删除其个人信息。通常包括以下情形：一是收集、使用行为不具备合法性，比如：收集、使用开始时就未得到被收集者的同意且无法律依据；被收集者的同意无效或已被撤销；对收集、使用信息超出法定或约定的范围。二是收集、使用个人信息的目的消失，使对个人信息的保存及处理、利用失去了必要性、正当性。三是约定的收集、使用、保存个人信息的期限届满。对删除个人信息的要求，网络运营者应当及时受理及采取措施予以删除。

二、个人信息更正权

个人信息更正权，是指在个人信息收集、存储、使用过程中，个人信息不完整或不准确时，个人有权要求及时改正、补充的权利。欧盟《通用数据保护条例》第十六条规定，数据主体有权从数据控制者处获得对其错误数据的更正。俄罗斯《个人信息保护法》第十四条规定，个人数据不完整、过时、不准确时，数据主体有权要求运营商更新其个人数据。只有确保个人信息的准确性、完整性和及时更新，依法收集个人信息的行政机关才能依据正确、完整的信息做出正确决定，服务提供者才能确保提供服务的质量，并有效维护该个人的合法权益。因此，本条赋予了个人对其个人信息的更正权，有权要求网络运营者更正其个人信息的错误和遗漏；对更正个人信息的要求，网络运营者应当及时受理及采取措施予以更正。

第四十四条　任何个人和组织不得窃取或者以其他非法方式获取个人信息，不得非法出售或者非法向他人提供个人信息。

条文解读

本条是关于禁止非法获取、非法出售、非法提供个人信息的规定。

本法第四十一条至第四十三条对个人信息收集、使用的规则作了规定，这些规则适用于依法律授权的国家机关和依合同或服务关系的组织和个人收集、使用个人信息的情形。在上述情形的基础上，本条禁止任何个人和组织窃取或者以其他非法方式获取个人信息，非法出售或者非法向他人提供个人信息。

（一）不得非法获取个人信息。有关政府部门在履职过程中需要获取个人信息的，应当有明确的法律依据；有关服务提供者在提供服务过程中需要收集个人信息的，应当遵守本法第四十一条的规定，经被收集者同意。因履职需要或提供服务需要，获取个人信息应遵守法律规定，不得通过非法方式获取。其他不特定主体也不得通过技术手段从他人计算机中窃取，或者通过非法购买等方式获取个人信息。

（二）不得非法出售、提供个人信息。根据本法第四十二条的规定，向他人提供个人信息，应当经被收集者同意。向他人提供包括通过出售、共享、公开等方式，都应当经本人同意。未经本人同意，向他人出售或者通过传输、公开等方式将个人信息提供给他人，都构成非法出售、非法提供个人信息的行为。

（三）对违反本条规定的处罚。非法获取、出售、提供个人信息的行为，严重侵害他人的个人信息权益，应当依照本法第六十四条的规定予以处罚；构成犯罪的，应当依法追究其刑事责任。

第四十五条　依法负有网络安全监督管理职责的部门及其工作人员，必须对在履行职责中知悉的个人信息、隐私和商业秘密严格保密，不得泄露、出售或者非法向他人提供。

条文解读

本条是关于负有网络安全监督管理职责的部门及其工作人员的保密义务的规定。

国家机关及其工作人员对在履行职责中所知悉的个人

信息、隐私和商业秘密必须予以保密，是其基本的法定义务。我国现行的许多法律、行政法规都对此作了明确规定。依法负有网络安全监督管理职责的部门及其工作人员在履行职责中，不可避免地会接触、收集、存储个人信息、隐私和商业秘密信息。个人信息，是指以电子或者其他方式记录的能够单独或者与其他信息结合识别自然人个人身份的各种信息，包括但不限于自然人的姓名、出生日期、身份证件号码、个人生物识别信息、住址、电话号码等。隐私是个人不愿意他人知晓的一些信息。商业秘密，是指不为公众所知悉、能为权利人带来经济利益、具有实用性并经权利人采取保密措施的技术信息和经营信息。为保护当事人合法权益，并保证网络安全监督管理活动正常进行，依法负有网络安全监督管理职责的部门及其工作人员必须对在履行职责中知悉的个人信息、隐私和商业秘密采取必要措施严格保密，不得泄露、出售或者非法向他人提供。

第四十六条　任何个人和组织应当对其使用网络的行为负责，不得设立用于实施诈骗，传授犯罪方法，制作或者销售违禁物品、管制物品等违法犯罪活动的网站、通讯群组，不得利用网络发布涉及实施诈骗，制作或者销售违禁物品、管制物品以及其他违法犯罪活动的信息。

条文解读

本条是关于禁止设立专门用于实施犯罪行为的网站、通讯群组和禁止利用网络发布犯罪信息的规定。

网站、通讯群组和其他网络服务，方便了人民群众的信息获取和信息交流，同时也成为一些违法犯罪人员聚合、实施违法犯罪的工具和手段。当前，一些违法犯罪活动借助互联网手段出现了新特点，主要是链条长、分工细、违法犯罪活动所得转移快。刑法修正案（九）增加第二百八十七条之一，根据网络犯罪活动的特点，将设立专门用于实施犯罪行为的网站、通讯群组和利用网络发布犯罪信息这些为实施犯罪的预备行为单独规定为犯罪。本条与刑法第二百八十七条之一相衔接，对专门用于实施违法犯罪行为的网站、通讯群组和利用网络发布犯罪信息的行为作了禁止规定。认定上述违法行为，应当注意把握以下几点：一是，设立网站、通讯群组或者通过网络发布信息，目的是为实施违法犯罪而预作准备，才构成本条规定的违法行为。二是，行为人设立网站、通讯群组或者发布网络信息，主要是为了实施诈骗，传授犯罪方法，制作或者销售违禁物品、管制物品等违法犯罪活动，但是不限于这几种犯罪活动。对于有本条规定行为的，应当依照本法第六十七条的规定予以处罚；情节严重，构成犯罪的，应当依照刑法第二百八十七条之一的规定，追究其刑事责任。有本条规定的违法行为，同时构成其他违法犯罪行为的，应当依照处罚较重的规定处罚。

第四十七条 **网络运营者应当加强对其用户发布的信息的管理，发现法律、行政法规禁止发布或者传输的信息的，应当立即停止传输该信息，采取消除等处置措施，防止信息扩散，保存有关记录，并向有关主管部门报告。**

条文解读

本条是关于网络运营者对用户发布信息的安全管理义务的规定。

网络空间是现实社会的映射，任何人利用网络发布信息或者从事其他活动，都应当对其行为负责，必须遵守宪法、法律，遵守公共秩序，尊重社会公德，不得从事危害国家安全、破坏社会秩序、侵犯他人合法权益等活动。网络运营者作为用户发布信息的平台，应当履行法律规定的义务，建立用户发布信息管理制度，加强对其用户发布的公开信息的管理，对法律、行政法规禁止发布或者传输的信息，应当依法采取必要的处置措施。对于网络运营者的此项义务，我国之前的相关决定和行政法规已作了规定。2000 年，全国人大常委会通过的关于维护互联网安全的决定规定，从事互联网业务的单位要依法开展活动，发现互联网上出现违法犯罪行为和有害信息时，要采取措施，停止传输有害信息，并及时向有关机关报告。2012年，全国人大常委会通过的关于加强网络信息保护的决定第五条规定，网络服务提供者应当加强对其用户发布的信息的管理，发现法律、法规禁止发布或者传输的信息的，应当立即停止传输该信息，采取消除等处置措施，保存有关记录，并向有关主管部门报告。2000年国务院发布的《互联网信息服务管理办法》第十六条规定，互联网信息服务提供者发现其网站传输的信息明显属于该办法第十五条所列内容之一的，应当立即停止传输，保存有关记录，并向国家有关机关报告。世界上许多国家和地区的立法也规定了网络服务提供者处置违法信息的义务。比如：德国《电信媒体法》规定，电信媒体运营商有义务删除法律规定应予以删除的信息。印度《信息技术法》规定，互联网服务提供商负有网络内容监管义务，对诽谤、猥亵、骚扰、泄愤等敏感、易引发争议的内容进行管控。瑞典《网络论坛责任法》规定，用户在网络论坛上传明显违反刑法关于煽动叛乱罪、煽动种族仇恨、儿童色情、非法暴力描写等规定的信息的，网络服务提供商应当删除相关内容或以其他方式防止相关内容继续传播。

依照本条规定，网络运营者发现用户发布法律、行政法规禁止发布或者传输的信息的，一是应当立即停止传输该信息，阻止违法信息通过其所提供的网络服务传播给他人；二是应当采取消除等处置措施，防止信息扩散，减小违法信息的影响和危害；三是应当保存有关记录，为依法追究信息发布者的责任提供依据；四是应当根据违法信息的内容和性质，向有关主管部门报告。

第四十八条　任何个人和组织发送的电子信息、提供的应用软件，不得设置恶意程序，不得含有法律、行政法规禁止发布或者传输的信息。

电子信息发送服务提供者和应用软件下载服务提供者，应当履行安全管理义务，知道其用户有前款规定行为的，应当停止提供服务，采取消除等处置措施，保存有关记录，并向有关主管部门报告。

条文解读

本条是关于电子信息发送服务提供者和应用软件下载服务提供者的信息安全管理义务的规定。

我国宪法赋予了公民言论自由等自由和权利，国家尊重和保障人权。我国宪法同时规定，任何公民在享有宪法和法律规定权利的同时，必须履行宪法和法律规定的义务；在行使自由和权利的时候，不得损害国家的、社会的、集体的利益和其他公民的合法的自由和权利。本法第十二条第二款规定，任何个人和组织使用网络应当遵守宪法法律，遵守公共秩序，尊重社会公德，不得危害网络安全，不得利用网络从事危害国家安全、荣誉和利益，煽动颠覆国家政权、推翻社会主义制度，煽动分裂国家、破坏国家统一，宣扬恐怖主义、极端主义，宣扬民族仇恨、民族歧视，传播暴力、淫秽色情信息，编造、传播虚假信息扰乱经济秩序和社会秩序，以及侵害他人名誉、隐私、知识产权和其他合法权益等活动。本条第一款针对实践中利用发送的电子信息、提供的应用软件故意设置恶意程序或者传播违法信息的突出问题，进一步规定：任何个人和组织发送的电子信息、提供的应用软件，不得设置恶意程序，不得含有法律、行政法规禁止发布或者传输的信息。

本条第二款针对电子信息发送服务和应用软件下载服务的特点，对其服务提供者的信息安全义务作了规定，即要求服务提供者履行安全管理义务，知道用户发送的信息、提供的应用软件含有违法信息的，应当采取相应的处置措施：一是应当对违法行为人停止提供相关服务；二是应当采取消除等处置措施，防止违法信息扩散；三是保存有关记录，并向有关主管部门报告。

第四十九条　网络运营者应当建立网络信息安全投诉、举报制度，公布投诉、举报方式等信息，及时受理并处理有关网络信息安全的投诉和举报。

网络运营者对网信部门和有关部门依法实施的监督检查，应当予以配合。

条文解读

本条是关于网络信息安全投诉、举报和网络运营者配合监督检查的义务的规定。

一、网络信息安全的投诉、举报

维护网络信息安全需要全社会的共同努力，充分发挥广大网民的作用。对危害网络信息安全的行为，公民有监督的权利，网络运营者有接受监督的义务。为了维护公民对网络信息安全的监督权利，发挥社会监督在保障网络信息安全方面的重要作用，本条对网络运营者建立网络信息安全投诉、举报制度，及时受理并处理社会公众的投诉举报提出了要求。一是，网络运营者应当建立网络信息安全投诉、举报制度，明确受理、处理投诉、举报的机构、人员及其职责、范围及方式、程序及操作规程等事项。二是，网络运营者应当以合理方式公布投诉、举报方式等信息，方便投诉举报人。三是，网络运营者应当及时受理投诉、举报，无正当理由不得拒绝。四是，网络运营者应当按照内部操作规程及时处理投诉和举报，并告知投诉举报人处理结果。依照本法第四十七条、第四十八条的规定，网络运营者受理用户的投诉、举报，对法律、行政法规禁止发布或者传输的信息的，应当立即停止传输该信息，采取消除等处置措施，防止信息扩散，保存有关记录，并向有关主管部门报告。依照侵权责任法第三十六条第二款的规定，网络用户利用网络服务实施侵权行为的，被侵权人有权通知网络服务提供者采取删除、屏蔽、断开链接等必要措施。网络服务提供者接到通知后未及时采取必要措施的，对损害的扩大部分与该网络用户承担连带责任。网络服务提供者知道网络用户利用其网络服务侵害他人民事权益，未采取必要措施的，与该网络用户承担连带责任。因此，用户向网络运营者投诉、举报他人利用其网络发布违法信息、实施侵权行为，网络运营者收到投诉、举报后，不及时依法采取相关措施的，依法应承担相应的责任。

二、网络运营者的配合义务

本法第八条规定，国家网信部门负责统筹协调网络安全工作和相关监督管理工作。国务院电信主管部门、公安部门和其他有关机关依照本法和有关法律、行政法规的规定，在各自职责范围内负责网络安全保护和监督管理工作。县级以上地方人民政府有关部门的网络安全保护和监督管理职责，按照国家有关规定确定。网络运营者对网信部门和有关部门依法实施的监督检查，应当接受并予以配合，不得拒绝、阻碍，并应当根据有关部门的要求，如实说明有关情况，提供有关信息和资料，为监督执法活动提供便利。网络运营者拒绝、阻碍有关部门依法实施的监督检查的，应当承担相应的法律责任。

第五十条　国家网信部门和有关部门依法履行

网络信息安全监督管理职责，发现法律、行政法规禁止发布或者传输的信息的，应当要求网络运营者停止传输，采取消除等处置措施，保存有关记录；对来源于中华人民共和国境外的上述信息，应当通知有关机构采取技术措施和其他必要措施阻断传播。

条文解读

本条是关于国家网信部门和有关部门处置违法信息的规定。

依照本法规定，国家网信部门和有关部门负有网络信息安全监督管理职责。国家网信部门和有关部门应当按照职责分工，加强网络信息安全管理，在履行职责过程中，如果发现法律、行政法规禁止发布或者传输的信息，有权依照本法规定采取下列措施：一是，要求网络运营者停止传输该违法信息，防止违法信息通过网络运营者的网络再次传播。二是，要求网络运营者删除违法信息，减小、消除违法信息的影响和危害。三是，要求网络运营者保存有关记录，为调查处理违法犯罪行为提供依据。四是，对来源于中华人民共和国境外的违法信息的，应当通知有关机构采取技术措施和其他必要措施阻断传播。网络运营者对国家网信部门和有关部门依照本条规定采取的处置措施，应当予以配合，按照要求采取相应的处置措施，不得拒绝、阻碍。

第五章 监测预警与应急处置

第五十一条 国家建立网络安全监测预警和信息通报制度。国家网信部门应当统筹协调有关部门加强网络安全信息收集、分析和通报工作，按照规定统一发布网络安全监测预警信息。

条文解读

本条是关于建立国家网络安全监测预警和信息通报制度的规定。

当前，我国网络安全形势严峻，网络运行面临诸多安全风险，网络安全事件频发。在此情况下，有必要按照“早发现、早报告、早处置”的原则，建立高效的国家网络安全监测预警和信息通报制度，有效应对网络安全威胁。据此，本条规定，国家建立网络安全监测预警和信息通报制度。国家网信部门应当统筹协调有关部门加强网络安全信息收集、分析和通报工作，按照规定统一发布网络安全监测预警信息。

一、建立网络安全监测预警和信息通报制度

网络安全监测，是指采取技术手段对网络系统进行实时监控从而掌握网络的全面运行情况，发现网络安全风险的活动。网络安全监测是及时、准确预警和有效管控网络安全风险的前提和基础。做好网络安全监测工作，应当从制度建设入手，明确机构人员，细化职责分工，同时配备专业设备设施，形成系统、高效、实时共享的网络安全监测网络体系。网络安全预警，是指在网络安全风险发生蔓延并造成实际危害之前，通过对网络安全监测所获取的信息进行分析和风险评估，向有关部门和社会发出警示。对网络安全风险进行预警，便于有关方面及时采取必要措施，防范或者应对针对网络的攻击、侵入、干扰、破坏和非法使用以及网络意外事故，使网络处于稳定可靠运行的状态，保障网络数据的完整性、保密性、可用性。对网络安全风险进行预警后，还应当及时通报相关风险预警信息，以便开展后续的评估、调查、处置等工作。网络安全信息通报是连接网络安全监测预警和应急处置措施的关键环节。因此，国家应当建立与网络安全监测预警制度相对应的信息通报制度，明确信息通报的责任主体和通报的内容、对象范围、方式、时限、运作机制等具体事项。

二、网络安全监测预警和信息通报的工作机制

本法第八条第一款规定了国家网信部门统筹协调网络安全工作的职责。具体到网络安全监测预警和信息通报工

作，为了确保能够协调一致、共同行动，本条明确要求国家网信部门统筹协调有关部门加强网络安全信息收集、分析和通报工作，按照规定统一发布网络安全监测预警信息。这种工作机制是由网络安全工作的特点决定的。网络安全工作涉及众多部门，网络安全信息来源分散、数据量大，只有相关部门在履行各自职责的基础上，加强沟通、协作，才能形成合力，更有效地采取网络安全风险应对措施。

第五十二条　负责关键信息基础设施安全保护工作的部门，应当建立健全本行业、本领域的网络安全监测预警和信息通报制度，并按照规定报送网络安全监测预警信息。

条文解读

本条是关于建立健全关键信息基础设施的网络安全监测预警和信息通报制度的规定。

根据本法第三十一条的规定，关键信息基础设施涵盖的范围广，包括公共通信和信息服务、能源、交通、水利、金融、公共服务、电子政务以及其他重要行业和领域，由于不同行业和领域的关键信息基础设施所承载的功能和业务存在较大差异，所面临的网络安全风险、防护重点也不相同。本法第三十二条确立了关键信息基础设施保护分部门负责的制度，规定：按照国务院规定的职责分工，负责关键信息基础设施安全保护工作的部门分别编制并组织实施本行业、本领域的关键信息基础设施安全规划，指导和监督关键信息基础设施运行安全保护工作。据此，为了充分发挥有关职能部门的作用，并与本法确立的上述制度相衔接，本条要求负责关键信息基础设施安全保护工作的部门建立本行业、本领域的网络安全监测预警、信息通报制度，加强监测预警和信息通报工作。同时，负责关键信息基础设施安全保护工作的部门应当按照国家网络安全监测预警和信息通报制度的规定和要求，及时报送网络安全监测预警信息。

第五十三条　国家网信部门协调有关部门建立健全网络安全风险评估和应急工作机制，制定网络安全事件应急预案，并定期组织演练。

负责关键信息基础设施安全保护工作的部门应当制定本行业、本领域的网络安全事件应急预案，并定期组织演练。

网络安全事件应急预案应当按照事件发生后的危害程度、影响范围等因素对网络安全事件进行分级，并规定相应的应急处置措施。

条文解读

本条是关于应急工作机制和网络安全事件应急预案的规定。

网络安全事件应急处置工作涉及的参与部门众多，要实现“反应灵敏、协调有序、运转高效”的应急机制，必须加强统筹协调。本条要求国家网信部门协调有关部门做好以下工作：一是建立健全网络安全风险评估和应急工作机制，明确工作责任、工作程序，保证能够获得网络安全风险准确信息，全面掌握网络安全风险情况，提高网络安全事件应急处置的协同性和有效性。二是制定网络安全事件应急预案，明确网络安全事件应急处置的组织机构及其职责、网络安全事件分级、应急响应程序、处置措施等。三是组织应急演练，对演练效果进行评估，分析存在的问题，并对应急预案提出完善意见。同时，负责关键信息基础设施安全保护工作的部门应当根据本行业、本领域网络安全工作的要求，制定本行业、本领域的网络安全事件应急预案，并定期组织演练。

由于网络安全事件的性质不同，发生后造成的危害程度、影响范围等各不相同，对于不同网络安全事件的处置需要采取的应急措施也不相同。为了保证网络安全事件应急预案和处置措施的针对性、有效性，并防止应急处置超过必要的限度，造成不必要的损失，本条要求网络安全事件应急预案应当按照事件发生后的危害程度、影响范围等因素对网络安全事件进行分级，并规定相应的应急处置措施。

第五十四条 网络安全事件发生的风险增大时，省级以上人民政府有关部门应当按照规定的权限和程序，并根据网络安全风险的特点和可能造成的危害，采取下列措施：

（一）要求有关部门、机构和人员及时收集、报告有关信息，加强对网络安全风险的监测；

（二）组织有关部门、机构和专业人员，对网络安全风险信息进行分析评估，预测事件发生的可能性、影响范围和危害程度；

（三）向社会发布网络安全风险预警，发布避免、减轻危害的措施。

条文解读

本条是关于网络安全风险预警措施的规定。

网络安全事件发生的风险增大时，省级以上人民政府有关部门应当按照规定的权限和程序，并根据网络安全风险的特点和可能造成的危害，采取下列措施：

1. 及时收集有关信息，加强监测。省级以上人民政府有关部门应当要求有关部门、机构和人员及时收集、报告有关信息，了解各方面情况，并通过增加配备监测人员和检测、检查频次等方式，掌握安全风险动态。

2. 开展网络安全风险分析评估。省级以上人民政府有关部门应当组织有关部门、机构、专业人员，对所获得的网络安全风险信息进行系统地分析评估，同时对网络安全事件发生的可能性进行预测，确定发生概率，并对网络安全事件一旦发生可能造成的影响范围，如影响人群、影响地域、影响持续时间等，以及可能造成的危害程度大小进行预测，提出预测评估报告。

3. 进行风险预警。省级以上人民政府有关部门应当根据风险评估结果，按网络安全事件应急预案的要求，向社会发布风险警示的级别，说明应采取的避免、减轻危害的措施，让社会公众及时知悉网络安全风险，掌握必要的应对措施，尽量避免、减轻网络安全风险所带来的危害。

第五十五条　发生网络安全事件，应当立即启动网络安全事件应急预案，对网络安全事件进行调查和评估，要求网络运营者采取技术措施和其他必要措施，消除安全隐患，防止危害扩大，并及时向社会发布与公众有关的警示信息。

条文解读

本条是关于网络安全事件应急处置措施的规定。

一、立即启动网络安全事件应急预案

网络安全事件应急预案，是规定网络安全事件应对的基本原则、组织体系、运行机制以及处置等的工作方案。应急预案是应对网络安全事件的主要依据和行动规范。在发生网络安全事件时，负责网络安全事件应急处置工作的有关部门要立即启动网络安全事件应急预案，不得延误，相关人员应按规定及时到位，履行职责，按照应急预案的要求采取相应的应对措施。

二、对网络安全事件进行调查和评估

在网络安全事件应急预案启动的同时，负责事件应急处置的部门和人员应当组织调查和评估网络安全事件的产生原因、结果和影响范围等，对事件的危害级别及其造成的社会影响、经济损失等进行评估。

三、要求网络运营者采取必要处置措施

网络运营者是保障网络安全的第一责任人。一旦发生网络安全事件，网络运营者处在第一线，掌握第一手情况，其反应是否迅速，采取的应对措施是否得当，直接影响到网络安全事件的波及范围和危害程度。当发生网络安全事件时，网络运营者有义务自行及时、有效地采取应急处置措施。同时，有关部门在依法处置网络安全事件时，也有权要求网络运营者应当采取技术措施和其他必要措施，消除安全隐患，防止危害扩大。

四、向社会发布警示信息

发生网络安全事件后，负责事件处置的部门经调查评估，认为该事件对社会公众有较大影响的，应当及时、准确、客观地向社会发布与公众有关的警示信息。向社会发布警示信息，一方面，要统一、及时、准确，避免社会公众产生误解；另一方面，要告知公众相关网络安全知识，以及受事件影响的社会公众应采取的消除安全隐患、防止损害扩大的措施，维护社会公众利益。

第五十六条　省级以上人民政府有关部门在履行网络安全监督管理职责中，发现网络存在较大安全风险或者发生安全事件的，可以按照规定的权限和程序对该网络的运营者的法定代表人或者主要负责人进行约谈。网络运营者应当按照要求采取措施，进行整改，消除隐患。

条文解读

本条是关于网络安全监督管理约谈制度的规定。

网络安全监管约谈制度，是网络安全行政管理主体对行政管理相对人进行的约谈，是一种行政指导行为。这一制度具有以下功能：一是具有警示告诫功能。约谈将向社会传递一种被约谈对象没有积极履行法律义务和责任的信息，影响其社会形象和信赖度，引起媒体及社会公众的持续关注和监督，具有警示告诫的作用。二是具有督促履行义务的功能。通过约谈要求约谈对象说明情况，分析原因，提出整改措施，有助于督促其履行网络安全责任。三是有助于落实网络安全风险监测预警与应急处置的相关制度。对于存在较大安全风险的网络的运营者，通过约谈有助于其尽早采取有针对性的措施进行网络安全风险的监测预警和分析控制；对于发生安全事件的网络的运营者，通过约谈有助于其及时、合理地采取措施妥善处置网络安全事件。四是具有教育指导作用。通过面对面的沟通交流，约谈者可以了解被约谈对象的实际情况，可以采取更有效的指导措施，帮助被约谈对象履行义务。也有助于被约谈对象准确理解约谈者关切的问题和重点，采取更有针对性和更加符合监管要求的措施。

对于本条规定的约谈制度应当把握以下几点：（1）约谈的主体。本条规定有权进行网络安全监管约谈的主体是负有网络安全监督管理职责的省级以上人民政府有关部门，这是与本法第五十四条规定的主体相衔接的。（2）约谈的对象。被约谈的对象是网络运营者内部承担网络安全管理主要责任的人，包括其法定代表人或者主要负责人。（3）约谈的情形和法定条件。采取约谈措施的情形：一是发现网络存在较大安全风险的；二是发生网络安全事件的。约谈应当按照规定的权限和程序进行。约谈方应听取约谈对象关于网络安全管理制度执行、网络安全风险防范、网络安全事件处置等情况汇报，指出约谈对象在网络安全管理中存在的问题，对网络运营者进一步加强网络安全管理提出具体要求，明确整改责任，督促网络运营者及时消除网络安全的风险或者妥善处置网络安全事件。（4）约谈的法律效力。被约谈对象应当按照约谈方的要求采取措施，及时消除网络安全的风险或者妥善处置网络安全事件；同时弥补网络安全漏洞，加强和改进网络安全维护工作，防范类似的网络安全风险和网络安全事件再次发生。被约谈对象无正当理由不接受约谈、不接受整改意见或者不落实整改承诺的，约谈部门应当采取进一步的监管和追责措施。

第五十七条　因网络安全事件，发生突发事件或者生产安全事故的，应当依照《中华人民共和国突发事件应对法》、《中华人民共和国安全生产法》等有关法律、行政法规的规定处置。

条文解读

本条是关于处置因网络安全事件发生的突发事件或者生产安全事故的规定。

不同类型的网络安全风险导致的网络安全事件的性质不同，不同性质的网络安全事件的影响面和危害性也不尽相同。其中有一些网络安全事件可能引发突发事件或者生产安全事故，超出了单纯的网络安全事件的范围。在这种情况下，就要适用处置突发事件或者生产安全事故的有关法律、行政法规的规定进行处置。

一、因网络安全事件发生突发事件的处置

根据突发事件应对法的规定，突发事件是指突然发生，造成或者可能造成严重社会危害，需要采取应急处置措施予以应对的自然灾害、事故灾难、公共卫生事件和社会安全事件。按照社会危害程度、影响范围等因素，自然灾害、事故灾难、公共卫生事件分为特别重大、重大、较大和一般四级。法律、行政法规或者国务院另有规定的，从其规定。突发事件的分级标准由国务院或者国务院确定的部门制定。因网络安全事件发生突发事件后，履行统一领导职责或者组织处置突发事件的人民政府应当针对其性质、特点和危害程度，立即组织有关部门，调动应急救援队伍和社会力量，依照突发事件应对法的有关规定采取应急处置措施。发生突发事件，严重影响国民经济正常运行时，国务院或者国务院授权的有关主管部门可以采取保障、控制等必要的应急措施，保障人民群众的基本生活需要，最大限度地减轻突发事件的影响。

二、因网络安全事件发生生产安全事故的处置

所谓生产安全事故，是指生产经营单位在生产经营活动（包括与生产经营有关的活动）中突然发生的，伤害人身安全和健康、损坏设备设施或者造成直接经济损失，导致生产经营活动（包括与生产经营活动有关的活动）暂时中止或终止的意外事件。按照国务院《生产安全事故报告和调查处理条例》的规定，根据生产安全事故造成的人员伤亡或者直接经济损失，将事故分为四个等级：特别重大事故、重大事故、较大事故、一般事故。生产经营单位因网络安全事件发生生产安全事故后，事故现场有关人员应当立即报告本单位负责人。单位负责人接到事故报告后，应当迅速采取有效措施，组织抢救，防止事故扩大，减少人员伤亡和财产损失，并按照国家有关规定立即如实报告当地负有安全生产监督管理职责的部门，不得隐瞒不报、谎报或者迟报，不得故意破坏事故现场、毁灭有关证据。负有安全生产监督管理职责的部门接到事故报告后，应当立即按照国家有关规定上报事故情况。负有安全生产监督管理职责的部门和有关地方人民政府对事故情况不得隐瞒不报、谎报或者迟报。有关地方人民政府和负有安全生产监督管理职责的部门的负责人接到生产安全事故报告后，应当按照生产安全事故应急救援预案的要求立即赶到事故现场，组织事故抢救。参与事故抢救的部门和单位应当服从统一指挥，加强协同联动，采取有效的应急救援措施，并根据事故救援的需要采取警戒、疏散等措施，防止事故扩大和次生灾害的发生，减少人员伤亡和财产损失。

第五十八条　因维护国家安全和社会公共秩序，处置重大突发社会安全事件的需要，经国务院决定或者批准，可以在特定区域对网络通信采取限制等临时措施。

条文解读

本条是关于网络通信临时限制措施的规定。

为了维护国家安全和社会公共秩序，处置重大突发社会安全事件，及时有效控制、减轻和消除事件引起的严重社会危害，保护人民生命财产安全，需要采取一些特别的措施。国家安全法规定，发生危及国家安全的重大事件，中央有关部门和有关地方根据中央国家安全领导机构的统一部署，依法启动应急预案，采取管控处置措施。突发事件应对法规定，社会安全事件发生后，组织处置工作的人民政府应当立即组织有关部门并由公安机关针对事件的性质和特点，依照有关法律、行政法规和国家其他有关规定，采取相应的应急处置措施，包括对特定区域内的建筑物、交通工具、设备、设施以及燃料、燃气、电力、水的供应进行控制，以及法律、行政法规和国务院规定的其他必要措施。本条根据国家安全法和突发事件应对法的上述规定，对为维护国家安全和社会公共秩序，处置重大突发社会安全事件的需要，可以在特定区域对网络通信采取限制等临时措施作了规定。

考虑到网络通信临时限制将对社会生产生活产生较大影响，采取这一措施必须十分慎重，本法将采取这一措施的决定和批准机关确定为国务院。网络通信临时限制措施只能在特定区域临时实施，采取这一措施的区域范围、时限由国务院在作出采取网络通信限制措施的决定或者批准时确定。采取的网络通信限制措施，应当与国家安全危机或者重大突发社会安全事件可能造成的危害的性质、程度和范围相适应；有多种措施可供选择的，应当选择有利于最大限度地保护公民、组织权益的措施。事件的威胁和危害得到控制或者消除后，应当停止执行依法采取的限制措施，恢复正常网络通信。

第六章 法律责任

第五十九条 网络运营者不履行本法第二十一条、第二十五条规定的网络安全保护义务的，由有关主管部门责令改正，给予警告；拒不改正或者导致危害网络安全等后果的，处一万元以上十万元以下罚款，对直接负责的主管人员处五千元以上五万元以下罚款。

关键信息基础设施的运营者不履行本法第三十三条、第三十四条、第三十六条、第三十八条规定的网络安全保护义务的，由有关主管部门责令改正，给予警告；拒不改正或者导致危害网络安全等后果的，处十万元以上一百万元以下罚款，对直接负责的主管人员处一万元以上十万元以下罚款。

条文解读

本条是关于网络运营者不履行本法规定的网络安全保护义务应承担的法律责任的规定。

网络运营者是保障网络运行安全的第一责任人，本法

第二十一条、第二十五条对网络运营者的网络安全保护义务作了规定。具体而言，一是将现行的网络安全等级保护制度上升为法律规定，要求网络运营者按照网络安全等级保护制度的要求，采取技术措施和其他必要措施，维护网络运行安全，包括：制定内部安全管理制度和操作规程，确定网络安全负责人，落实网络安全保护责任；采取技术措施防范计算机病毒和网络攻击、网络侵入等危害网络安全的行为；监测、记录网络运行状态、网络安全事件，并按照规定留存相关的网络日志不少于六个月；采取数据分类、重要数据备份和加密等措施以及法律、行政法规规定的其他义务。二是为及时处置系统漏洞、计算机病毒、网络攻击、网络侵入等安全风险，要求网络运营者制定网络安全事件应急预案，并在发生网络安全事件时立即启动应急预案，采取补救措施并向有关主管部门报告。同时，鉴于关键信息基础设施安全对国家安全、经济安全和保障民生的重要作用，相对于一般网络运营者，关键信息基础设施运营者应承担更重的安全保护义务。本法第三十三条、第三十四条、第三十六条、第三十八条对关键信息基础设施运营者的网络安全保护义务作了专门规定。具体而言，一是在建设关键信息基础设施时，关键信息基础设施运营者应确保其性能能够支持业务稳定和持续运行，并且相应的安全技术措施要遵守“三同步”原则即同步规划、同步建设、同步使用。二是在运营关键信息基础设施时，不仅要求关键信息基础设施运营者应履行网络安全等级保护制度规定的义务，而且对其提出了更高的要求，包括：设置专门安全管理机构和安全管理负责人，并对该负责人和关键岗位的人员进行安全背景审查；定期对从业人员进行网络安全教育、技术培训和技能考核；对重要系统和数据库进行容灾备份；制定网络安全事件应急预案，并定期组织演练；法律、行政法规规定的其他义务。三是在采购网络产品和服务时，要求关键信息基础设施运营者与网络产品和服务的提供者签订安全保密协议，明确安全和保密义务与责任。四是要求关键信息基础设施运营者每年至少进行一次安全检测评估并及时将评估情况和改进措施报送相关安全保护部门。为了保证上述安全保护义务的落实，本条对违反上述规定的行为规定了相应的法律责任。

本条第一款是关于网络运营者不履行本法第二十一条、第二十五条规定的网络安全保护义务的处罚规定。本款规定的处罚措施包括：（1）责令改正。所谓责令改正，是指有关主管部门要求违法行为人停止违法行为并将其违法行为恢复到合法状态。（2）警告。所谓警告，是指有关主管部门对违法行为人进行训诫，使其认识到其行为的违法性。（3）罚款。对拒不改正或造成危害网络安全等后果的，由有关主管部门对网络运营者处一万元以上十万元以下罚款，并对直接负责的主管人员处五千元以上五万元以下罚款。本款实行的是双罚制，既对网络运营者进行处罚，也对直接负责的主管人员予以处罚。“直接负责的主管人员”是指违法行为的决策人、事后对违反行为予以认可和支持的领导人员、由于疏于管理或放任而对单位违法行为负有不可推卸的责任的领导人员。

本条第二款是关于关键信息基础设施的运营者不履行本法第三十三条、第三十四条、第三十六条、第三十八条规定的网络安全保护义务的处罚规定。本款规定的处罚措施与第一款相同，包括由有关主管部门责令改正，给予警告；对拒不改正或者造成危害网络安全等后果的，对运营者和直接负责的主管人员处以罚款。本款与前款的区别在于，对关键信息基础设施运营者及其负责人员的罚款处罚重于一般的网络运营者。本款规定，拒不改正或者导致危害网络安全等后果的，处十万元以上一百万元以下罚款；对直接负责的主管人员处一万元以上十万元以下罚款。这样规定是基于关键信息基础设施的重要地位和关键作用，体现对其实行重点保护。

需要说明的是，本条对处罚部门未作具体规定，对不履行网络安全等级保护制度规定的义务的网络运营者，原则上由等级保护制度的实施机关进行处罚；此外，本法授权国务院制定关键信息基础设施安全保护办法，对不履行网络安全保护义务的关键信息基础设施运营者，应依照国务院的规定确定处罚部门。

第六十条 违反本法第二十二条第一款、第二款和第四十八条第一款规定，有下列行为之一的，由有关主管部门责令改正，给予警告；拒不改正或者导致危害网络安全等后果的，处五万元以上五十万元以下罚款，对直接负责的主管人员处一万元以上十万元以下罚款：

（一）设置恶意程序的；

（二）对其产品、服务存在的安全缺陷、漏洞等风险未立即采取补救措施，或者未按照规定及时告知用户并向有关主管部门报告的；

（三）擅自终止为其产品、服务提供安全维护的。

条文解读

本条是关于网络产品和服务提供者、个人或组织设置恶意程序，不及时补救安全缺陷、漏洞，以及擅自终止安全维护服务的处罚规定。

为保障网络产品和服务安全，本法第二十二条第一款、第二款对网络产品、服务提供者的网络安全保护义务作了明确规定，包括：网络产品、服务提供者不得在提供的产品和服务中设置恶意程序；发现其网络产品、服务存在安全缺陷、漏洞等风险时，应当立即采取补救措施，并按照规定及时告知用户并向有关主管部门报告；应当为其产品、服务持续提供安全维护，在规定或者当事人约定的期间内，不得终止提供安全维护。本法第四十八条第一款规定，个人和组织发送电子信息、提供应用软件不得设置恶意程序。为保证上述规定能够得到执行和落实，本条对违反上述规定的行为规定了相应的法律责任。

本条规定的处罚措施包括：(1) 责令改正。(2) 警告。(3) 罚款。对拒不改正或者导致危害网络安全等后果的，处五万元以上五十万元以下罚款，对直接负责的主管人员处一万元以上十万元以下罚款。

本条未规定具体的处罚部门，主要是因为网络产品、服务的种类不同，本条规定的违法行为，有的属于产品质量问题，有的属于危害网络运行安全的行为，有的属于侵害消费者权益的行为。因此，在确定处罚部门时，应区分不同情况，按照有关法律、行政法规及国务院规定的职责确定处罚部门。

第六十一条 **网络运营者违反本法第二十四条第一款规定，未要求用户提供真实身份信息，或者对不提供真实身份信息的用户提供相关服务的，由有关主管部门责令改正；拒不改正或者情节严重的，处五万元以上五十万元以下罚款，并可以由有关主管部门责令暂停相关业务、停业整顿、关闭网站、吊销相关业务许可证或者吊销营业执照，对直接负**

责的主管人员和其他直接责任人员处一万元以上十万元以下罚款。

条文解读

本条是关于网络运营者违反用户身份管理规定的处罚规定。

当前，在维护公民信息安全、保障公民合法权益、查处网络违法犯罪过程中，因侵权人、违法犯罪行为人的身份信息没有登记或登记不真实，导致许多违法犯罪活动不能得到及时查处，公民合法权益不能得到有效维护，迫切需要通过加强网络空间身份管理来打击网络违法犯罪行为，维护人民群众利益。2012 年发布的《全国人民代表大会常务委员会关于加强网络信息保护的决定》确定了网络身份管理制度。根据全国人大常委会的决定，工信部和国家网信办先后制定了《电话用户真实身份信息登记规定》《互联网用户账号名称管理规定》，在电信用户入网环节和互联网应用环节落实用户实名登记管理制度。2015 年反恐怖主义法从反恐的角度，要求电信和互联网业务运营者、服务提供者应当对用户身份进行查验，对身份不明或者拒绝身份查验的不得提供服务。本法进一步完善了这一制度，第二十四条第一款规定，网络运营者为用户办理网络接入、域名注册服务，办理固定电话、移动电话等入网手续以及为用户提供信息发布、即时通讯服务等服务，在与用户签订协议或者确认提供服务时，应当要求用户提供真实身份信息，用户不提供真实身份信息的，不得为其提供相关服务。为保证上述身份管理制度的落实，本条对违反第二十四第一款规定的行为，规定了相应的法律责任。

本条规定的违法行为包括：（1）网络运营者在办理上述业务或提供上述服务时，未要求用户提供真实身份信息的行为。（2）网络运营者对不提供真实身份信息的用户提供相关服务的行为。

本条规定的处罚措施包括：（1）责令改正。（2）警告。（3）罚款。网络运营者有本条规定的违法行为，拒不改正或者情节严重的，由有关主管部门处五万元以上五十万元以下罚款；对其直接负责的主管人员和其他直接责任人员处一万元以上十万元以下罚款。（4）暂停相关业务、停业整顿、关闭网站、吊销相关业务许可证或者吊销营业执照。

本条规定由“有关主管部门”实施处罚，主要有三种情形：一是，网络接入、域名注册服务和固定电话、移动电话业务的管理，属于电信主管部门的职责，对在上述业务中有本条规定的违法行为的，应由电信主管部门实施处罚；二是，对在提供信息发布、即时通讯等服务中有违反本法规定行为的，由网信等业务主管部门实施处罚；三是，对暂停相关业务、停业整顿、关闭网站、吊销相关业务许可证或者吊销营业执照的处罚措施，由相关业务主管部门和证照的颁发部门实施。

第六十二条 违反本法第二十六条规定，开展网络安全认证、检测、风险评估等活动，或者向社会发布系统漏洞、计算机病毒、网络攻击、网络侵入等网络安全信息的，由有关主管部门责令改正，给予警告；拒不改正或者情节严重的，处一万元以上十万元以下罚款，并可以由有关主管部门责令暂停相关业务、停业整顿、关闭网站、吊销相关业务许可证或者吊销营业执照，对直接负责的主管人员和其他直接责任人员处五千元以上五万元以下罚款。

条文解读

本条是关于违反国家关于网络安全服务活动管理规定的处罚规定。

为了加强对网络安全服务的管理，本法第二十六条规定：开展网络安全认证、检测、风险评估等活动以及向社会发布系统漏洞、计算机病毒、网络攻击、网络侵入等网络安全信息，应当遵守国家有关规定。本法对网络安全服务应当遵守的行为规范未作具体规定，应适用国家有关规定，本条规定追究法律责任的具体违法行为也应适用国家有关规定。

本条规定的处罚措施包括：（1）责令改正。（2）警告。（3）罚款。对拒不改正或者情节严重的，由有关主管部门对其处一万元以上十万元以下罚款；单位违法的，还应对其直接负责的主管人员和其他直接责任人员处五千元以上五万元以下罚款。（4）暂停相关业务、停业整顿、关闭网站、吊销相关业务许可证或者吊销营业执照。

第六十三条 违反本法第二十七条规定，从事危害网络安全的活动，或者提供专门用于从事危害网络安全活动的程序、工具，或者为他人从事危害网络安全的活动提供技术支持、广告推广、支付结算等帮助，尚不构成犯罪的，由公安机关没收违法所得，处五日以下拘留，可以并处五万元以上五十万元以下罚款；情节较重的，处五日以上十五日以下拘留，可以并处十万元以上一百万元以下罚款。

单位有前款行为的，由公安机关没收违法所得，处十万元以上一百万元以下罚款，并对直接负责的主管人员和其他直接责任人员依照前款规定处罚。

违反本法第二十七条规定，受到治安管理处罚的人员，五年内不得从事网络安全管理和网络运营关键岗位的工作；受到刑事处罚的人员，终身不得从事网络安全管理和网络运营关键岗位的工作。

条文解读

本条是关于个人和组织实施危害网络安全的行为的处罚规定。

本法第二十七条对禁止的危害网络安全的行为作了规定，包括三种情形：一是直接从事非法侵入他人网络、干扰他人网络正常功能、窃取网络数据等危害网络安全的活动。二是不直接从事危害网络全的活动，但向他人提供专门用于从事危害网络安全活动的程序、工具。三是为他人从事危害网络安全的活动提供技术支持、广告推广、支付结算等帮助行为。本条对违反上述规定的行为规定了相应的法律责任。需要说明的是，治安管理处罚法第二十九条对危害网络安全的行为规定了治安管理处罚。该条规定的违法行为包括：(1) 违反国家规定，侵入计算机信息系统，造成危害的；(2) 违反国家规定，对计算机信息系统功能进行删除、修改、增加、干扰，造成计算机信息系统不能正常运行的；(3) 违反国家规定，对计算机信息系统中存储、处理、传输的数据和应用程序进行删除、修改、增加的；(4) 故意制作、传播计算机病毒等破坏性程序，影响计算机信息系统正常运行的。处罚措施包括：五日以下拘留；情节较重的，处五日以上十日以下拘留。但随着信息技术的快速发展，危害网络安全的违法犯罪活动出现了一些新的形式。近年来，刑法修改并补充完善了危害网络安全的犯罪的规定。如刑法第二百八十五条、第二百八十六条、第二百八十七条之二分别对非法侵入计算机信息系统罪、破坏计算机信息系统罪、帮助信息网络犯罪活动罪等危害网络安全的犯罪作了规定。本条与刑法的相关规定相衔接，补充完善了治安管理处罚中有关危害网络安全行为的处罚规定。因此，本条规定的处罚机关为公安机关。

本条第一款区分不同情节对违反本法第二十七条规定，从事危害网络安全的活动，或者提供专门用于从事危害网络安全活动的程序、工具，或者为他人从事危害网络安全的活动提供技术支持、广告推广、支付结算等帮助，尚不构成犯罪的行为的法律责任作了规定：（1）由公安机关没收违法所得，处五日以下拘留，可以并处五万元以上五十万元以下罚款。（2）情节较重的，处五日以上十五日以下拘留，可以并处十万元以上一百万元以下罚款。对情节较重的认定，可结合实施上述违法行为的次数、所造成的危害后果、非法获利的数额等情况综合确定。

第二款规定了单位实施危害网络安全行为应承担的法律责任：（1）对单位，由公安机关没收违法所得，对单位处十万以上一百万以下罚款。（2）对直接负责的主管人员和其他直接责任人员依照本条第一款的规定处罚，即没收违法所得，处五日以下拘留，可以并处五万元以上五十万元以下罚款；情节较重的，处五日以上十五日以下拘留，可以并处十万元以上一百万元以下罚款。

第三款对从事危害网络安全行为的人员规定了从业禁止措施。分为两种情形：一是，对受到治安管理处罚的人员，禁止其五年内从事网络安全管理和网络运营关键岗位的工作；二是，对受到刑事处罚的人员，禁止其终身从事网络安全管理和网络运营关键岗位的工作。本款规定的从业禁止是一种行政预防措施，是为了预防上述人员借任职网络安全管理或网络运营关键岗位的工作便利，继续实施危害网络安全的违法犯罪行为。

第六十四条 网络运营者、网络产品或者服务的提供者违反本法第二十二条第三款、第四十一条至第四十三条规定，侵害个人信息依法得到保护的权利的，由有关主管部门责令改正，可以根据情节单处或者并处警告、没收违法所得、处违法所得一倍以上十倍以下罚款，没有违法所得的，处一百万元以下罚款，对直接负责的主管人员和其他直接责任人员处一万元以上十万元以下罚款；情节严重的，并可以责令暂停相关业务、停业整顿、关闭网站、吊销相关业务许可证或者吊销营业执照。

违反本法第四十四条规定，窃取或者以其他非法方式获取、非法出售或者非法向他人提供个人信息，尚不构成犯罪的，由公安机关没收违法所得，并处违法所得一倍以上十倍以下罚款，没有违法所得的，处一百万元以下罚款。

条文解读

本条是关于侵害个人信息依法得到保护的权利的行为的处罚规定。

个人信息受法律保护，是公民一项十分重要的权利。2012 年全国人大常委会《关于加强网络信息保护的决定》确定了网络服务提供者等主体的个人信息保护义务。本法在《关于加强网络信息保护的决定》的基础上补充完善了个人信息保护的规则。本法第四十一条对网络运营者收集、使用个人信息的合法正当、必要限制、通知同意、公开透明等规则作了规定；第二款进一步规定，网络运营者不得超范围收集个人信息，不得违法和违约收集、使用个人信息，应依法和依约定处理其保存的个人信息。第四十二条规定，网络运营者不得泄露、篡改、毁损其收集的个人信息，未经同意，不得向他人提供个人信息；应采取措施确保其收集的信息安全，在发生或可能发生个人信息泄露、毁损、丢失的情况时，应当立即采取补救措施，并按规定及时告知用户并向有关主管部门报告。第四十三条对个人提出删除和更正其个人信息的权利以及网络运营者依当事人请求删除、更正个人信息的义务作了规定。另外，本法第二十二条第三款对网络产品、服务提供者的个人信息保护义务作了规定。本条第一款规定了网络运营者、网络产品或者服务的提供者违反上述规定，侵害个人信息依法得到保护的权利应承担的法律责任：（1）由有关主管部门责令改正，同时可以根据情节单处或者并处警告、没收违法所得、处违法所得一倍以上十倍以下罚款，没有违法所得的，处一百万元以下罚款，对直接负责的主管人员和其他直接责任人员处一万元以上十万元以下罚款。（2）情节严重的，由有关主管部门并处责令暂停相关业务、停业整顿、关闭网站、吊销相关业务许可证或者吊销营业执照。这里的情节严重包括多次实施上述违法行为，违法收集使用用户个人信息数量众多，经主管部门责令仍拒不改正等情形。

本法在规定网络运营者、网络产品或者服务提供者这些与个人存在业务关系的主体收集、使用个人信息的规则外，第四十四条还规定，任何个人和组织不得窃取或者以其他非法方式获取个人信息，不得非法出售或者非法向他人提供个人信息。本条第二款规定了违反上述规定行为应承担的法律责任。本款规定是与刑法第二百五十三条之一侵犯公民个人信息罪的相关规定相衔接的，行为人实施了上述行为，尚不构成犯罪的，由公安机关没收违法所得，并处违法所得一倍以上十倍以下罚款，没有违法所得的，处一百万元以下罚款。

第六十五条　**关键信息基础设施的运营者违反本法第三十五条规定，使用未经安全审查或者安全审查未通过的网络产品或者服务的，由有关主管部门责令停止使用，处采购金额一倍以上十倍以下罚款；对直接负责的主管人员和其他直接责任人员处一万元以上十万元以下罚款。**

条文解读

本条是关于关键信息基础设施运营者使用未经安全审查或安全审查未通过的网络产品或者服务行为的处罚规定。

为了防止关键信息基础设施因使用的产品和服务存在安全缺陷或其他隐患而受到攻击、破坏，或者其存储、处理的数据资源被窃取、泄露，从而危害国家安全、社会公共利益，本法第三十五条依据世界贸易组织国家安全例外原则，对关键信息基础设施运营者采购网络产品或者服务的国家安全审查作了规定。根据该条规定，关键信息基础设施的运营者采购网络产品和服务，可能影响国家安全的，应当通过国家网信部门会同国务院有关部门组织的国家安全审查。

为保证本法第三十五条规定的落实，本条对违反国家安全审查规定的行为规定了相应的法律责任。本条规定的违法行为包括：(1) 使用应审而未审的网络产品或服务的行为；(2) 使用审查未通过的网络产品或服务的行为。本条规定的处罚措施包括：(1) 由有关主管机关责令停止使用；(2) 由有关主管部门对关键信息基础设施运营者处采购金额一倍以上十倍以下罚款；(3) 对关键基础设施运营者的直接负责的主管人员和其他直接责任人员处一万元以上十万元以下罚款。

第六十六条 关键信息基础设施的运营者违反本法第三十七条规定，在境外存储网络数据，或者向境外提供网络数据的，由有关主管部门责令改正，给予警告，没收违法所得，处五万元以上五十万元以下罚款，并可以责令暂停相关业务、停业整顿、关闭网站、吊销相关业务许可证或者吊销营业执照；对直接负责的主管人员和其他直接责任人员处一万元以上十万元以下罚款。

条文解读

本条是关于关键信息基础设施运营者违法在境外存储网络数据和向境外提供网络数据的处罚规定。

为了保护关键信息基础设施汇集的大量个人信息的安全，以及事关国家安全、经济安全的重要数据的安全，本法第三十七条对关键信息基础设施数据在境内存储和向境外提供作了规定。根据该条规定，关键信息基础设施的运营者在中华人民共和国境内运营中收集和产生的个人信息和重要数据必须在境内存储。因业务需要，需向境外提供的，经过安全评估后方可提供；其他法律、行政法规另有规定的，依照其规定。

本条对违反上述规定的法律责任作了规定。本条规定的违法行为包括：（1）关键信息基础设施运营者将在中华人民共和国境内运营中收集和产生的个人信息和重要数据在境外存储的行为。(2) 关键信息基础设施运营者因业务需要向境外提供数据，但未按照规定进行安全评估的行为。本条规定的处罚措施包括：（1）责令改正。（2）警告。(3) 没收违法所得。(4) 罚款。关键信息基础设施运营者有本条规定的违法行为的，由有关主管部门处五万元以上五十万元以下罚款；对直接负责的主管人员和其他直接责任人员处一万元以上十万元以下罚款。(5) 暂停相关业务、停业整顿、关闭网站、吊销相关业务许可证或者吊销营业执照。

第六十七条 违反本法第四十六条规定，设立用于实施违法犯罪活动的网站、通讯群组，或者利用网络发布涉及实施违法犯罪活动的信息，尚不构成犯罪的，由公安机关处五日以下拘留，可以并处一万元以上十万元以下罚款；情节较重的，处五日以上十五日以下拘留，可以并处五万元以上五十万元以下罚款。关闭用于实施违法犯罪活动的网站、通讯群组。

单位有前款行为的，由公安机关处十万元以上五十万元以下罚款，并对直接负责的主管人员和其他直接责任人员依照前款规定处罚。

条文解读

本条是关于设立用于违法犯罪活动的网站、通讯群组，利用网络发布违法犯罪活动信息行为的处罚规定。

当前，网络违法犯罪活动呈现出链条长、分工合作等特点。为了有效惩治利用网络从事的犯罪活动，2015 年刑法修正案（九）第二百八十七条之一将为实施犯罪活动而设立网络、通讯群组以及利用网络发布相关违法信息的行为单独规定为犯罪。本法第四十六条与刑法的上述规定相衔接，规定了两种禁止行为：一是不得设立用于实施诈骗，传授犯罪方法，制作或者销售违禁物品、管制物品等违法犯罪活动的网站、通讯群组。二是不得利用网络发布涉及实施诈骗，制作或者销售违禁物品、管制物品以及其他违法犯罪活动的信息。本条对违反上述规定的行为规定了相应的法律责任。

本条第一款规定了个人实施上述违法行为的法律责任：(1) 由公安机关处五日以下拘留，可以并处一万元以上十万元以下罚款。(2) 情节较重的，处五日以上十五日以下拘留，可以并处五万元以上五十万元以下罚款。(3) 关闭用于实施违法犯罪活动的网站、通讯群组。

第二款规定了单位实施上述违法行为的法律责任：(1) 由公安机关对单位处十万以上五十万以下罚款。(2) 对单位直接负责的主管人员和其他直接责任人员依照第一款规定处罚，即由公安机关处五日以下拘留，可以并处一万元以上十万元以下罚款；情节较重的，处五日以上十五日以下拘留，可以并处五万元以上五十万元以下罚款。

第六十八条 网络运营者违反本法第四十七条规定，对法律、行政法规禁止发布或者传输的信息未停止传输、采取消除等处置措施、保存有关记录的，由有关主管部门责令改正，给予警告，没收违法所得；拒不改正或者情节严重的，处十万元以上五十万元以下罚款，并可以责令暂停相关业务、停业整顿、关闭网站、吊销相关业务许可证或者吊销营业执照，对直接负责的主管人员和其他直接责任人员处一万元以上十万元以下罚款。

电子信息发送服务提供者、应用软件下载服务提供者，不履行本法第四十八条第二款规定的安全管理义务的，依照前款规定处罚。

条文解读

本条是关于网络经营者、电子信息发送服务提供者、应用软件下载服务提供者不履行信息安全管理义务的处罚规定。

本法第四十七条、第四十八条第二款分别对网络运营者和电子信息发送服务提供者、应用软件下载服务提供者处置违法信息的义务作了规定，对法律和行政法规禁止发布、传输的信息，应采取如下处置措施：一是立即停止传输该信息；二是采取消除等处置措施，防止信息扩散；三是保存有关记录，并向有关主管部门报告。网络运营者、电子信息发送服务提供者、应用软件下载服务提供者应当履行相应的安全管理义务，及时处置违法信息。

本条第一款、第二款分别规定了网络运营者和电子信息发送服务提供者、应用软件下载服务提供者不履行违法信息处置义务应承担的法律责任，其处罚措施是相同的，包括：（1）责令改正。（2）警告。（3）没收违法所得。（4）罚款。有本条规定的违法行为，拒不改正或者情节严重的，由有关主管部门处十万元以上五十万元以下罚款。对直接负责的主管人员和其他直接责任人员处一万元以上十万元以下罚款。（5）责令暂停相关业务、停业整顿、关闭网站、吊销相关业务许可证或者吊销营业执照。

第六十九条 网络运营者违反本法规定，有下列行为之一的，由有关主管部门责令改正；拒不改正或者情节严重的，处五万元以上五十万元以下罚款，对直接负责的主管人员和其他直接责任人员，处一万元以上十万元以下罚款：

（一）不按照有关部门的要求对法律、行政法规禁止发布或者传输的信息，采取停止传输、消除等处置措施的；

（二）拒绝、阻碍有关部门依法实施的监督检查的；

（三）拒不向公安机关、国家安全机关提供技术支持和协助的。

条文解读

本条是关于网络经营者违反配合、协助监督执法义务的处罚规定。

网络运营者除应当履行法律、法规规定的网络安全保护义务外，还应接受有关主管部门的监督检查，配合、支持有关主管部门对网络违法犯罪活动的调查处理。本法相关条款对网络运营者配合、支持有关主管部门监督检查和执法的义务作了规定，本条对不履行这些义务的网络经营者规定了相应的法律责任。

本条规定的违法行为包括三项：（1）不按照有关部门的要求对法律、行政法规禁止发布或者传输的信息采取处置措施。这是指网络运营者拒绝按照国家网信部门和有关部门依据本法第五十条提出的要求，对违法信息采取停止传输或者消除等处置措施。（2）拒绝、阻碍有关部门依法实施的监督检查。这是指对国家网信部门和有关部门依法实施的监督检查，如现场检查，要求提供有关资料，询问了解相关情况等，网络运营者予以拒绝，或采取隐匿相关资料、转移证据，侮辱、谩骂、威胁监督检查人员等方式进行阻碍的。（3）拒不向公安机关、国家安全机关提供技术支持和协助。这是指网络运营者对公安机关、国家安全机关依法维护国家安全和侦查刑事犯罪的活动，拒不按公安机关、国家安全机关的要求，提供技术上的支持和协助的。

本条区分不同情况对法律责任作了两档规定：(1) 责令改正。(2) 罚款。对拒不改正或者情节严重的，处五万元以上五十万元以下罚款，对直接负责的主管人员和其他直接责任人员，处一万元以上十万元以下罚款。需要说明的是，采取威胁、暴力等手段阻碍监督检查，构成违反治安管理处罚行为的，应当依法给予治安管理处罚。

第七十条　发布或者传输本法第十二条第二款和其他法律、行政法规禁止发布或者传输的信息的，依照有关法律、行政法规的规定处罚。

条文解读

本条是关于发布或者传输违法信息的处罚规定。

本法第十二条第二款对个人和组织使用网络应遵守的义务以及不得从事的活动作了规定。不得利用网络从事的活动包括：危害国家安全、荣誉和利益，煽动颠覆国家政权、推翻社会主义制度，煽动分裂国家、破坏国家统一，宣扬恐怖主义、极端主义，宣扬民族仇恨、民族歧视，传播暴力、淫秽色情信息，编造、传播虚假信息扰乱经济秩序和社会秩序，以及侵害他人名誉、隐私、知识产权和其他合法权益等活动。对发布、传输违法信息从事上述违法犯罪活动，刑法、治安管理处罚法等法律、行政法规中都已作了规定；同时，刑法、治安管理处罚法等法律、行政法规还对禁止发布、传输其他违法信息及其处罚作了规定。因此本条只作了衔接性规定，对发布或者传输法律、行政法规禁止发布、传输的信息的行为，应当分别适用刑法、治安管理处罚法及其他有关法律、行政法规的规定，追究发布或者传输者的法律责任。

第七十一条　有本法规定的违法行为的，依照有关法律、行政法规的规定记入信用档案，并予以公示。

条文解读

本条是关于信用惩戒的规定。

随着国家信用管理体系的建设和完善，信用记录在惩戒失信行为人方面发挥了越来越重要的作用，本条要求将违法行为人的违法信息记入信用档案并予以公示，发挥信用惩戒的作用。信用档案是政府部门或者征信机构对个人、组织的信用信息进行采集、保存、加工而提供的信用记录，体现了个人、组织在市场活动中的可信度、公信力，是证实其是否诚实守信、遵纪守法或有无违法违约、欺诈等行为的重要凭证和依据，是出具信用报告和进行信用惩戒的基础。有关主管部门应当依法记录个人、组织的监管信息，包括行政许可、监督检查、行政奖罚等信息。根据本条规定，有关主管部门应当按照规定，将有违反本法规定的违法行为人、违法信息及处罚情况记入信用档案，并同时进行公示。违法信息公示，既是推动政务信息公开的需要，也是警示、惩戒违法行为人的重要手段。有关主管部门应当通过政府网站、报刊等便于公众知悉的方式公示违法信息。

第七十二条　国家机关政务网络的运营者不履行本法规定的网络安全保护义务的，由其上级机关或者有关机关责令改正；对直接负责的主管人员和其他直接责任人员依法给予处分。

条文解读

本条是关于国家机关政务网络的运营者不履行网络安全保护义务的处罚规定。

国家机关政务网络包括国家机关内部办公网络，国家机关之间进行信息传播的网络以及向社会提供相关服务的网络。按照本法对网络及网络运营者的规定，国家机关政务网络的安全保护属于本法调整范围，国家机关作为政务网络的运营者也应遵守本法规定的网络安全保护义务。但考虑到国家机关的运营资金来源于财政，因此，本条对不履行网络安全保护义务的国家机关未规定罚款处罚。对不履行本法规定的网络安全保护义务的国家机关，由其上级机关或者有关机关责令改正，同时应追究直接负责的主管人员和其他直接责任人员的责任，由上述人员的任免机关或监察机关按照管理权限，根据违法行为的性质、情节及危害程度，决定给予警告、记过、记大过、降级、撤职或者开除处分。

第七十三条　网信部门和有关部门违反本法第三十条规定，将在履行网络安全保护职责中获取的信息用于其他用途的，对直接负责的主管人员和其他直接责任人员依法给予处分。

网信部门和有关部门的工作人员玩忽职守、滥用职权、徇私舞弊，尚不构成犯罪的，依法给予处分。

条文解读

本条是关于网络安全监督管理渎职行为的处罚规定。

为促进网络安全信息共享，规范网信部门和有关部门的行政行为，本法第三十条对网信部门和有关部门在履行网络安全保护职责中获取的信息的用途作了限制性规定，要求这些信息只能用于维护网络安全的需要，不得用于其他用途。本条第一款规定了网信部门和有关部门违反上述规定的法律责任，对其直接负责的主管人员和其他直接责任人员依法给予处分。

本法和有关法律、行政法规赋予了网信部门和有关部门网络安全监督管理职责。网信部门和有关部门应当依照法律、行政法规规定的权限、程序等履行职责，不得怠于履行或者超越法定权限履行职责。本条第二款规定了网信部门和有关部门的工作人员渎职行为的法律责任，渎职行为具体包括玩忽职守、滥用职权、徇私舞弊。“玩忽职守”是指国家工作人员严重不负责任，不履行或不认真履行职责。“滥用职权”是指国家工作人员超越职权，违法决定、处理其无权决定、处理的事项。“徇私舞弊”是指国家工作人员为了私情或牟取私利，玩忽职守、滥用职权。网信部门和有关部门的工作人员玩忽职守、滥用职权、徇私舞弊，尚不构成犯罪的，应当由其任免机关或监察机关按照管理权限，根据违法行为的性质、情节及危害程度，决定给予警告、记过、记大过、降级、撤职或者开除处分。

第七十四条 **违反本法规定，给他人造成损害的，依法承担民事责任。**

违反本法规定，构成违反治安管理行为的，依法给予治安管理处罚；构成犯罪的，依法追究刑事责任。

条文解读

本条是关于违反本法行为的民事责任、治安管理处罚和刑事责任的衔接性规定。

法律责任分为民事责任、行政责任和刑事责任三类。

同一违法行为，依法可能同时应承担民事责任、行政责任和刑事责任。按照我国的立法惯例，本条第一款对违反本法规定，给他人造成损害的民事责任作了衔接性规定，第二款对违反本法规定的治安管理处罚和刑事处罚作了衔接性规定。

对违反本法规定的行为，应依照治安管理处罚法给予处罚的情形主要包括：(1) 第二十五条第一项规定，散布谣言，谎报险情、疫情、警情或者以其他方法故意扰乱公共秩序的，处五日以上十日以下拘留，可以并处五百元以下罚款；情节较轻的，处五日以下拘留或者五百元以下罚款。(2) 第二十九条规定，违反国家规定，侵入计算机信息系统，造成危害的；违反国家规定，对计算机信息系统功能进行删除、修改、增加、干扰，造成计算机信息系统不能正常运行的；违反国家规定，对计算机信息系统中存储、处理、传输的数据和应用程序进行删除、修改、增加的；故意制作、传播计算机病毒等破坏性程序，影响计算机信息系统正常运行的；处五日以下拘留；情节较重的，处五日以上十日以下拘留。(3) 第四十二条第五项规定，多次发送淫秽、侮辱、恐吓或者其他信息，干扰他人正常生活的，处五日以下拘留或者五百元以下罚款；情节较重的，处五日以上十日以下拘留，可以并处五百元以下罚款。(4) 第四十七条规定，煽动民族仇恨、民族歧视，或者在出版物、计算机信息网络中刊载民族歧视、侮辱内容的，处十日以上十五日以下拘留，可以并处一千元以下罚款。此外，利用网络从事其他违反治安管理行为的，也应依照治安管理处罚法给予相应的处罚。

对违反本法规定的行为，应依照刑法追究刑事责任的犯罪主要包括：1. 侵犯公民个人信息罪。刑法第二百五十三条之一规定，违反国家有关规定，向他人出售或者提供公民个人信息，情节严重的，处三年以下有期徒刑或者拘役，并处或者单处罚金；情节特别严重的，处三年以上七年以下有期徒刑，并处罚金。违反国家有关规定，将在履行职责或者提供服务过程中获得的公民个人信息，出售或者提供给他人的，依照前款的规定从重处罚。窃取或者以其他方法非法获取公民个人信息的，依照第一款的规定处罚。单位犯前三款罪的，对单位判处罚金，并对其直接负责的主管人员和其他直接责任人员，依照各该款的规定处罚。2. 非法侵入计算机信息系统罪。刑法第二百八十五条第一款规定，违反国家规定，侵入国家事务、国防建设、尖端科学技术领域的计算机信息系统的，处三年以下有期徒刑或者拘役。3. 非法获取计算机信息系统数据、非法控制计算机信息系统罪。刑法第二百八十五条第二款规定，违反国家规定，侵入前款规定以外的计算机信息系统或者采用其他技术手段，获取该计算机信息系统中存储、处理或者传输的数据，或者对该计算机信息系统实施非法控制，情节严重的，处三年以下有期徒刑或者拘役，并处或者单处罚金；情节特别严重的，处三年以上七年以下有期徒刑，并处罚金。4. 提供侵入、非法控制计算机信息系统程序、工具罪。刑法第二百八十五条第三款规定，提供专门用于侵入、非法控制计算机信息系统的程序、工具，或者明知他人实施侵入、非法控制计算机信息系统的违法犯罪行为而为其提供程序、工具，情节严重的，依照前款的规定处罚。5. 破坏计算机信息系统罪。刑法第二百八十六条规定，违反国家规定，对计算机信息系统功能进行删除、修改、增加、干扰，造成计算机信息系统不能正常运行，后果严重的，处五年以下有期徒刑或者拘役；后果特别严重的，处五年以上有期徒刑。违反国家规定，对计算机信息系统中存储、处理或者传输的数据和应用程序进行删除、修改、增加的操作，后果严重的，依照前款的规定处罚。故意制作、传播计算机病毒等破坏性程序，影响计算机系统正常运行，后果严重的，依照第一款的规定处罚。单位犯前三款罪的，对单位判处罚金，并对其直接负责的主管人员和其他直接责任人员，依照第一款的规定处罚。6. 拒不履行信息网络安全管理义务罪。刑法第二百八十六条之一规定，网络服务提供者不履行法律、行政法规规定的信息网络安全管理义务，经监管部门责令采取改正措施而拒不改正，有下列情形之一的，处三年以下有期徒刑、拘役或者管制，并处或者单处罚金：（1）致使违法信息大量传播的；（2）致使用户信息泄露，造成严重后果的；（3）致使刑事案件证据灭失，情节严重的；（4）有其他严重情节的。单位犯前款罪的，对单位判处罚金，并对其直接负责的主管人员和其他直接责任人员，依照前款的规定处罚。有前两款行为，同时构成其他犯罪的，依照处罚较重的规定定罪处罚。7. 非法利用信息网络罪。刑法第二百八十七条之一规定，利用信息网络实施下列行为之一，情节严重的，处三年以下有期徒刑或者拘役，并处或者单处罚金：（1）设立用于实施诈骗、传授犯罪方法、制作或者销售违禁物品、管制物品等违法犯罪活动的网站、通讯群组的；（2）发布有关制作或者销售毒品、枪支、淫秽物品等违禁物品、管制物品或者其他违法犯罪信息的；（3）为实施诈骗等违法犯罪活动发布信息的。单位犯前款罪的，对单位判处罚金，并对其直接负责的主管人员和其他直接责任人员，依照第一款的规定处罚。有前两款行为，同时构成其他犯罪的，依照处罚较重的规定定罪处罚。8. 帮助信息网络犯罪活动罪。刑法第二百八十七条之二规定，明知他人利用信息网络实施犯罪，为其犯罪提供互联网接入、服务器托管、网络存储、通讯传输等技术支持，或者提供广告推广、支付结算等帮助，情节严重的，处三年以下有期徒刑或者拘役，并处或者单处罚金。单位犯前款罪的，对单位判处罚金，并对其直接负责的主管人员和其他直接责任人员，依照第一款的规定处罚。有前两款行为，同时构成其他犯罪的，依照处罚较重的规定定罪处罚。9. 编造、故意传播虚假信息罪。

刑法第二百九十一条之一第二款规定，编造虚假的险情、疫情、灾情、警情，在信息网络或者其他媒体上传播，或者明知是上述虚假信息，故意在信息网络或者其他媒体上传播，严重扰乱社会秩序的，处三年以下有期徒刑、拘役或者管制；造成严重后果的，处三年以上七年以下有期徒刑。此外，利用网络从事其他犯罪行为的，也应依照刑法有关规定追究其刑事责任。

第七十五条　境外的机构、组织、个人从事攻击、侵入、干扰、破坏等危害中华人民共和国的关键信息基础设施的活动，造成严重后果的，依法追究法律责任；国务院公安部门和有关部门并可以决定对该机构、组织、个人采取冻结财产或者其他必要的制裁措施。

条文解读

本条是关于追究、制裁损害我国关键信息基础设施安全的境外行为人的规定。

本法第二条规定，在中华人民共和国境内建设、运营、维护和使用网络，以及网络安全的监督管理，适用本法。据此，网络安全法原则上只在我国境内适用。但由于网络的特殊性和网络安全问题的复杂性，很多网络安全风险和危害网络安全的活动来自于境外，因此，本法第五条规定，国家采取措施监测、防御、处置来源于中华人民共和国境内外的网络安全风险和威胁，保护关键信息基础设施免受攻击、侵入、干扰和破坏。本条进一步对依法追究境外的机构、组织、个人从事攻击、侵入、干扰、破坏等危害我国关键信息基础设施的活动的责任作了规定，这一规定与我国相关法律规定的管辖权原则是相衔接的。同时，考虑到实施违法犯罪行为的机构、组织、个人在境外，依法追究其法律责任可能会比较困难，应当采取必要措施对其给予威慑和制裁。据此，对从事攻击、侵入、干扰、破坏等危害中华人民共和国的关键信息基础设施活动的境外机构、组织、个人，除依法追究其法律责任外，国务院公安部门和有关部门可以依照本条规定，决定对该机构、组织、个人采取冻结财产或者其他必要的制裁措施。

第七章　附　　则

第七十六条　本法下列用语的含义：

（一）网络，是指由计算机或者其他信息终端及相关设备组成的按照一定的规则和程序对信息进行收集、存储、传输、交换、处理的系统。

（二）网络安全，是指通过采取必要措施，防范对网络的攻击、侵入、干扰、破坏和非法使用以及意外事故，使网络处于稳定可靠运行的状态，以及保障网络数据的完整性、保密性、可用性的能力。

（三）网络运营者，是指网络的所有者、管理者和网络服务提供者。

（四）网络数据，是指通过网络收集、存储、传输、处理和产生的各种电子数据。

（五）个人信息，是指以电子或者其他方式记录的能够单独或者与其他信息结合识别自然人个人身份的各种信息，包括但不限于自然人的姓名、出生

日期、身份证件号码、个人生物识别信息、住址、电话号码等。

条文解读

本条是关于本法一些关键用语含义的规定。

一、网络的含义

“网络”是本法的基础性概念。我们日常使用的网络一词，有狭义和广义之分，狭义的网络是指互联网（Internet），广义的网络还包括相对封闭的局域网和工业控制系统。互联网是通过TCP/IP协议、域名解析等技术使不同类型、使用不同操作系统的计算机之间能够进行通信的广域网络。与互联网相对应，将特定区域内的计算机和其他相关设备联结起来，用于特定用户之间通信和信息传输的封闭型网络，称为局域网。随着信息技术的发展，在工业领域，工业控制系统也越来越多地运用数字通讯和网络技术。由于互联网、局域网、工业控制系统都属于传输、处理信息的系统，因此又被称为信息系统。

我国其他法律中使用了“网络”、“信息网络”和“计算机信息系统”的概念，但对这几个概念都未作定义。相关行政法规、部门规章和司法解释中也没有“网络”的定义，但对“信息网络”和“计算机信息系统”作了定义。其中，对“信息网络”的定义是列举式的，包括互联网、广播电视网、固定和移动通信网，以及向公众开放的局域网。对“计算机信息系统”的定义，是概括式的，《中华人民共和国计算机信息系统安全保护条例》将计算机信息系统定义为是：由计算机及其相关的和配套的设备、设施（含网络）构成的，按照一定的应用目标和规则对信息进行采集、加工、存储、传输、检索等处理的人机系统。从其他国家的相关立法看，欧盟指令，印度信息技术法，俄罗斯信息、信息技术和信息保护法，美国有关信息通信的法律等，都将网络定义为由相关设备和资源组成的传输、处理信息的系统。网络安全法采用了广义的网络定义，即指由计算机或者其他信息终端及相关设备组成的按照一定的规则和程序对信息进行收集、存储、传输、交换、处理的系统。主要原因是：随着信息技术的发展，互联网、局域网和工业控制系统的物理界限越来越模糊，它们所面临的安全风险和威胁是共同的、相通的，预防、处置这些安全风险和威胁的手段、方式是类似的，它们的安全保护也适用相同的规则。因此，将网络的定义涵盖互联网、局域网和工业控制系统，符合我国网络安全管理工作的实际，也是与国际经验接轨的。

二、网络安全的含义

"网络安全"是本法的另一个核心概念。由于网络的形态和应用多样，在不同语境下，根据不同的标准，可对网络安全作出不同的分类。比如：根据网络活动参与者的不同，可分为"网络侧"安全和"用户侧"安全。根据保护对象的不同，可分为物理安全、网络安全、主机安全、应用安全、数据安全等。当前，我国互联网行业和有关专家比较通行的观点是将网络安全分为四个层面：物理安全、运行安全、数据安全、内容安全，分别对应于基础设施的安全、信息系统的安全、信息自身的安全和信息利用的安全。由于网络的基本功能是传输和处理信息数据，保障网络的物理安全、运行安全的根本目的是为了保障网络数据的完整性、保密性、可用性。因此，从网络运行的角度，网络的物理安全、运行安全、数据安全又可统称为网络安全。比如，我国有关国家标准即规定：网络安全是指网络环境下存储、传输和处理的信息的保密性、完整性和可用性的表征。从国外立法情况看，主要国家和地区也都是从保障网络信息数据的保密性、完整性和可用性的角度来定义网络安全或信息安全的，比如：欧盟关于建立欧洲网络与信息安全局的第460/2004号条例、美国《2002年联邦信息安全法》、日本《网络安全基本法》、俄罗斯《信息、信息技术和信息保护法》等。美国《2002年联邦信息安全法》还对完整性、保密性、可用性作了定义，完整性，即防止信息被不正当地修改或破坏，并且包括确保信息的不可否认性和真实性；保密性，即保留对获取和披露的授权限制，包括保护个人隐私和专有信息；可用性，即确保及时可靠地获取和使用信息。本法根据当前社会的普遍认知，将网络安全的范围确定为网络运行安全和网络信息安全两个方面，将网络安全定义为：是指通过采取必要措施，防范对网络的攻击、侵入、干扰、破坏和非法使用以及意外事故，使网络处于稳定可靠运行的状态，以及保障网络数据的完整性、保密性、可用性的能力。

三、网络运营者的含义

与网络和网络安全相联系的另一概念是“网络运营者”。在本法制定前的法律中，更多的使用网络服务提供者的概念，它包括网络接入服务提供者（ISP）和网络内容服务提供者（ICP）两类。由于网络安全法规定的网络除互联网外还包括局域网和工业控制系统，它们很多不向社会提供商业或公共服务，但其所有者和控制者也必须承担相应的安全义务，防范网络安全风险，保障网络安全稳定运行。因此，网络安全法定义的网络安全责任主体即网络运营者是十分宽泛的，包括网络的所有者、管理者和网络服务提供者。

四、关于网络数据的含义

本法所称的网络数据，是指通过网络收集、存储、传输、处理和产生的以电子方式记录的各种数据，是信息的电子化形式。

五、关于个人信息的含义

个人信息保护源于隐私保护，个人信息的概念是在信息通信技术发展中逐渐确立的，它与隐私存在一定的区别，隐私通常是指个人不愿对外言说的涉及个人负面评价的信息，而个人信息在私密程度、负面性等方面弱于隐私，具有更强的商业性。个人信息具有两个重要特征，一是具有可识别性，即个人信息是能够识别、确定特定个人身份的信息。二是个人信息具有相对性。对于信息的控制者来说，其掌握的某一条或某一组信息不能识别信息的主体，但结合其掌握的其他信息能够识别该信息的主体，这些信息都应作为个人信息进行保护。据此，本条采取了概括加列举的方式对“个人信息”作了定义，即指以电子或者其他方式记录的能够单独或者与其他信息结合识别自然人个人身份的各种信息，包括但不限于自然人的姓名、出生日期、身份证号码、个人生物识别信息、住址、电话号码等。

第七十七条　**存储、处理涉及国家秘密信息的网络的运行安全保护，除应当遵守本法外，还应当遵守保密法律、行政法规的规定。**

条文解读

本条是关于涉及国家秘密信息的网络的运行安全保护应当遵守的规范的规定。

一、关于国家秘密信息

根据保守国家秘密法规定，国家秘密是关系国家安全和利益，依照法定程序确定，在一定时间内只限一定范围的人员知悉的事项。国家秘密的密级分为“绝密”“机密”“秘密”三级。随着我国经济社会的快速发展，特别是信息化的发展和电子政务的建设与应用，越来越多地涉及国家秘密的信息在现代通信和计算机网络条件下存储、处理。随之而来的，网络窃密、泄密违法行为日益复杂多样，因此，必须加强针对涉及国家秘密的信息系统的安全保护。

二、关于涉密网络安全保护应当遵守的规范

存储、处理涉及国家秘密信息的网络安全保护，首先，涉及网络的运行安全保护工作，属于本法调整的范围，应当遵守本法规定的网络安全保护原则和各项基本制度。其次，由于通过网络存储、处理的是涉及国家秘密的信息，还应当遵守涉及保守国家秘密的有关法律、行政法规的规定。保守国家秘密法对涉密信息系统的安全保护作了专门规定。其中，第二十三条规定，存储、处理国家秘密的计算机信息系统按照涉密程度实行分级保护。涉密信息系统应当按照国家保密标准配备保密设施、设备。保密设施、设备应当与涉密信息系统同步规划，同步建设，同步运行。涉密信息系统应当按照规定，经检查合格后，方可投入使用。第二十四条规定，机关、单位应当加强对涉密信息系统的管理，任何组织和个人不得有下列行为：（1）将涉密计算机、涉密存储设备接入互联网及其他公共信息网络；（2）在未采取防护措施的情况下，在涉密信息系统与互联网及其他公共信息网络之间进行信息交换；（3）使用非涉密计算机、非涉密存储设备存储、处理国家秘密信息；（4）擅自卸载、修改涉密信息系统的安全技术程序、管理程序；（5）

将未经安全技术处理的退出使用的涉密计算机、涉密存储设备赠送、出售、丢弃或者改作其他用途。2014 年颁布的《中华人民共和国保守国家秘密法实施条例》，根据保守国家秘密法对涉及国家秘密信息的网络安全保护作出了更为具体的规定。涉及国家秘密信息的网络的运行安全保护除遵守本法外，还应当遵守保守国家秘密法和保密行政法规的规定。

第七十八条　军事网络的安全保护，由中央军事委员会另行规定。

条文解读

本条是关于军事网络安全保护的特别规定。

随着整个信息技术的迅速发展，军队的管理和军事行动越来越依靠网络。在利用信息化建设成果提高战斗力的同时，军队网络安全所面临的威胁也日益凸显。军事网络作为军队管理和军事指挥作战系统的重要组成部分，具有特殊性。为了加强对军事网络的安全保护，有必要制定专门的军事法规。根据国防法、立法法的规定，中央军事委员会作为国家的最高军事机关，根据宪法和法律，制定军事法规。因此，本条规定：军事网络的安全保护，由中央军事委员会另行规定。

第七十九条　本法自 2017 年 6 月 1 日起施行。

条文解读

本条是关于本法施行日期的规定。

法律的施行日期，即法律的生效日期，是一部法律的重要组成部分。立法法第五十七条规定，法律应当明确规定施行日期。为了给法律的实施留出一定的准备时间，我国多数法律都规定法律公布一段时间后的一个具体日期作为法律的施行日期，本法亦采用这一方式。

本法由第十二届全国人大常委会第二十四次会议于 2016 年 11 月 7 日通过，并于同日由国家主席习近平签署第五十三号主席令公布，自 2017 年 6 月 1 日起施行。本法从颁布到开始施行，中间留有半年多的时间，以备有关方面做好实施的准备工作，包括做好本法的宣传培训和制定、修改配套的行政法规、规章和标准等。

附录

一、法律原文及立法资料

中华人民共和国主席令

第五十三号

《中华人民共和国网络安全法》已由中华人民共和国第十二届全国人民代表大会常务委员会第二十四次会议于2016年11月7日通过，现予公布，自2017年6月1日起施行。

中华人民共和国主席　习近平

2016年11月7日

中华人民共和国网络安全法

（2016年11月7日第十二届全国人民代表大会常务委员会第二十四次会议通过）

目　　录

第一章　总　　则

第一条　为了保障网络安全，维护网络空间主权和国家安全、社会公共利益，保护公民、法人和其他组织的合法权益，促进经济社会信息化健康发展，制定本法。

第二条 在中华人民共和国境内建设、运营、维护和使用网络，以及网络安全的监督管理，适用本法。

第三条 国家坚持网络安全与信息化发展并重，遵循积极利用、科学发展、依法管理、确保安全的方针，推进网络基础设施建设和互联互通，鼓励网络技术创新和应用，支持培养网络安全人才，建立健全网络安全保障体系，提高网络安全保护能力。

第四条 国家制定并不断完善网络安全战略，明确保障网络安全的基本要求和主要目标，提出重点领域的网络安全政策、工作任务和措施。

第五条 国家采取措施，监测、防御、处置来源于中华人民共和国境内外的网络安全风险和威胁，保护关键信息基础设施免受攻击、侵入、干扰和破坏，依法惩治网络违法犯罪活动，维护网络空间安全和秩序。

第六条 国家倡导诚实守信、健康文明的网络行为，推动传播社会主义核心价值观，采取措施提高全社会的网络安全意识和水平，形成全社会共同参与促进网络安全的良好环境。

第七条 国家积极开展网络空间治理、网络技术研发和标准制定、打击网络违法犯罪等方面的国际交流与合作，推动构建和平、安全、开放、合作的网络空间，建立多边、民主、透明的网络治理体系。

第八条 国家网信部门负责统筹协调网络安全工作和相关

监督管理工作。国务院电信主管部门、公安部门和其他有关机关依照本法和有关法律、行政法规的规定，在各自职责范围内负责网络安全保护和监督管理工作。

县级以上地方人民政府有关部门的网络安全保护和监督管理职责，按照国家有关规定确定。

第九条 网络运营者开展经营和服务活动，必须遵守法律、行政法规，尊重社会公德，遵守商业道德，诚实信用，履行网络安全保护义务，接受政府和社会的监督，承担社会责任。

第十条 建设、运营网络或者通过网络提供服务，应当依照法律、行政法规的规定和国家标准的强制性要求，采取技术措施和其他必要措施，保障网络安全、稳定运行，有效应对网络安全事件，防范网络违法犯罪活动，维护网络数据的完整性、保密性和可用性。

第十一条 网络相关行业组织按照章程，加强行业自律，制定网络安全行为规范，指导会员加强网络安全保护，提高网络安全保护水平，促进行业健康发展。

第十二条 国家保护公民、法人和其他组织依法使用网络的权利，促进网络接入普及，提升网络服务水平，为社会提供安全、便利的网络服务，保障网络信息依法有序自由流动。

任何个人和组织使用网络应当遵守宪法法律，遵守公共秩序，尊重社会公德，不得危害网络安全，不得利用网络从事危害国家安全、荣誉和利益，煽动颠覆国家政权、推翻社会主义制度，煽动分裂国家、破坏国家统一，宣扬恐怖主义、极端主义，宣扬民族仇恨、民族歧视，传播暴力、淫秽色情信息，编造、传播虚假信息扰乱经济秩序和社会秩序，以及侵害他人名誉、隐私、知识产权和其他合法权益等活动。

第十三条 国家支持研究开发有利于未成年人健康成长的网络产品和服务，依法惩治利用网络从事危害未成年人身心健康的活动，为未成年人提供安全、健康的网络环境。

第十四条 任何个人和组织有权对危害网络安全的行为向网信、电信、公安等部门举报。收到举报的部门应当及时依法作出处理；不属于本部门职责的，应当及时移送有权处理的部门。

有关部门应当对举报人的相关信息予以保密，保护举报人的合法权益。

第二章　网络安全支持与促进

第十五条 国家建立和完善网络安全标准体系。国务院标准化行政主管部门和国务院其他有关部门根据各自的职责，组织制定并适时修订有关网络安全管理以及网络产品、服务和运行安全的国家标准、行业标准。

国家支持企业、研究机构、高等学校、网络相关行业组织参与网络安全国家标准、行业标准的制定。

第十六条 国务院和省、自治区、直辖市人民政府应当统筹规划，加大投入，扶持重点网络安全技术产业和项目，支持网络安全技术的研究开发和应用，推广安全可信的网络产品和服务，保护网络技术知识产权，支持企业、研究机构和高等学校等参与国家网络安全技术创新项目。

第十七条 国家推进网络安全社会化服务体系建设，鼓励有关企业、机构开展网络安全认证、检测和风险评估等安全服务。

第十八条 国家鼓励开发网络数据安全保护和利用技术，促进公共数据资源开放，推动技术创新和经济社会发展。

国家支持创新网络安全管理方式，运用网络新技术，提升网络安全保护水平。

第十九条 各级人民政府及其有关部门应当组织开展经常性的网络安全宣传教育，并指导、督促有关单位做好网络安全宣传教育工作。

大众传播媒介应当有针对性地面向社会进行网络安全宣传教育。

第二十条 国家支持企业和高等学校、职业学校等教育培训机构开展网络安全相关教育与培训，采取多种方式培养网络安全人才，促进网络安全人才交流。

第三章 网络运行安全

第一节 一般规定

第二十一条 国家实行网络安全等级保护制度。网络运营者应当按照网络安全等级保护制度的要求，履行下列安全保护义务，保障网络免受干扰、破坏或者未经授权的访问，防止网络数据泄露或者被窃取、篡改：

（一）制定内部安全管理制度和操作规程，确定网络安全负责人，落实网络安全保护责任；

（二）采取防范计算机病毒和网络攻击、网络侵入等危害网络安全行为的技术措施；

（三）采取监测、记录网络运行状态、网络安全事件的技术措施，并按照规定留存相关的网络日志不少于六个月；

（四）采取数据分类、重要数据备份和加密等措施；

（五）法律、行政法规规定的其他义务。

第二十二条 网络产品、服务应当符合相关国家标准的强制性要求。网络产品、服务的提供者不得设置恶意程序；发现其网络产品、服务存在安全缺陷、漏洞等风险时，应当立即采取补救措施，按照规定及时告知用户并向有关主管部门报告。

网络产品、服务的提供者应当为其产品、服务持续提供安全维护；在规定或者当事人约定的期限内，不得终止提供安全维护。

网络产品、服务具有收集用户信息功能的，其提供者应当向用户明示并取得同意；涉及用户个人信息的，还应当遵守本法和有关法律、行政法规关于个人信息保护的规定。

第二十三条 网络关键设备和网络安全专用产品应当按照相关国家标准的强制性要求，由具备资格的机构安全认证合格或者安全检测符合要求后，方可销售或者提供。国家网信部门会同国务院有关部门制定、公布网络关键设备和网络安全专用产品目录，并推动安全认证和安全检测结果互认，避免重复认证、检测。

第二十四条 网络运营者为用户办理网络接入、域名注册服务，办理固定电话、移动电话等入网手续，或者为用户提供信息发布、即时通讯等服务，在与用户签订协议或者确认提供服务时，应当要求用户提供真实身份信息。用户不提供真实身份信息的，网络运营者不得为其提供相关服务。

国家实施网络可信身份战略，支持研究开发安全、方便的电子身份认证技术，推动不同电子身份认证之间的互认。

第二十五条 网络运营者应当制定网络安全事件应急预案，及时处置系统漏洞、计算机病毒、网络攻击、网络侵入等安全风险；在发生危害网络安全的事件时，立即启动应急预案，采取相应的补救措施，并按照规定向有关主管部门报告。

第二十六条 开展网络安全认证、检测、风险评估等活动，向社会发布系统漏洞、计算机病毒、网络攻击、网络侵入等网络安全信息，应当遵守国家有关规定。

第二十七条 任何个人和组织不得从事非法侵入他人网络、干扰他人网络正常功能、窃取网络数据等危害网络安全的活动；不得提供专门用于从事侵入网络、干扰网络正常功能及防护措施、窃取网络数据等危害网络安全活动的程序、工具；明知他人从事危害网络安全的活动的，不得为其提供技术支持、广告推广、支付结算等帮助。

第二十八条 网络运营者应当为公安机关、国家安全机关依法维护国家安全和侦查犯罪的活动提供技术支持和协助。

第二十九条 国家支持网络运营者之间在网络安全信息收集、分析、通报和应急处置等方面进行合作，提高网络运营者的安全保障能力。

有关行业组织建立健全本行业的网络安全保护规范和协作机制，加强对网络安全风险的分析评估，定期向会员进行风险警示，支持、协助会员应对网络安全风险。

第三十条 网信部门和有关部门在履行网络安全保护职责中获取的信息，只能用于维护网络安全的需要，不得用于其他用途。

第二节 关键信息基础设施的运行安全

第三十一条 国家对公共通信和信息服务、能源、交通、水利、金融、公共服务、电子政务等重要行业和领域，以及其他一旦遭到破坏、丧失功能或者数据泄露，可能严重危害国家安全、国计民生、公共利益的关键信息基础设施，在网络安全等级保护制度的基础上，实行重点保护。关键信息基础设施的具体范围和安全保护办法由国务院制定。

国家鼓励关键信息基础设施以外的网络运营者自愿参与关键信息基础设施保护体系。

第三十二条 按照国务院规定的职责分工，负责关键信息基础设施安全保护工作的部门分别编制并组织实施本行业、本领域的关键信息基础设施安全规划，指导和监督关键信息基础设施运行安全保护工作。

第三十三条 建设关键信息基础设施应当确保其具有支持业务稳定、持续运行的性能，并保证安全技术措施同步规划、同步建设、同步使用。

第三十四条 除本法第二十一条的规定外，关键信息基础设施的运营者还应当履行下列安全保护义务：

（一）设置专门安全管理机构和安全管理负责人，并对该负责人和关键岗位的人员进行安全背景审查；

（二）定期对从业人员进行网络安全教育、技术培训和技能考核；

（三）对重要系统和数据库进行容灾备份；

（四）制定网络安全事件应急预案，并定期进行演练；

（五）法律、行政法规规定的其他义务。

第三十五条 关键信息基础设施的运营者采购网络产品和服务，可能影响国家安全的，应当通过国家网信部门会同国务院有关部门组织的国家安全审查。

第三十六条 关键信息基础设施的运营者采购网络产品和服务，应当按照规定与提供者签订安全保密协议，明确安全和保密义务与责任。

第三十七条 关键信息基础设施的运营者在中华人民共和国境内运营中收集和产生的个人信息和重要数据应当在境内存储。因业务需要，确需向境外提供的，应当按照国家网信部门会同国务院有关部门制定的办法进行安全评估；法律、行政法规另有规定的，依照其规定。

第三十八条 关键信息基础设施的运营者应当自行或者委托网络安全服务机构对其网络的安全性和可能存在的风险每年至少进行一次检测评估，并将检测评估情况和改进措施报送相关负责关键信息基础设施安全保护工作的部门。

第三十九条 国家网信部门应当统筹协调有关部门对关键信息基础设施的安全保护采取下列措施：

（一）对关键信息基础设施的安全风险进行抽查检测，提出改进措施，必要时可以委托网络安全服务机构对网络存在的安全风险进行检测评估；

（二）定期组织关键信息基础设施的运营者进行网络安全应急演练，提高应对网络安全事件的水平和协同配合能力；

（三）促进有关部门、关键信息基础设施的运营者以及有关研究机构、网络安全服务机构等之间的网络安全信息共享；

（四）对网络安全事件的应急处置与网络功能的恢复等，提供技术支持和协助。

第四章　网络信息安全

第四十条 网络运营者应当对其收集的用户信息严格保密，并建立健全用户信息保护制度。

第四十一条 网络运营者收集、使用个人信息，应当遵循合法、正当、必要的原则，公开收集、使用规则，明示收集、使用信息的目的、方式和范围，并经被收集者同意。

网络运营者不得收集与其提供的服务无关的个人信息，不得违反法律、行政法规的规定和双方的约定收集、使用个人信息，并应当依照法律、行政法规的规定和与用户的约定，处理其保存的个人信息。

第四十二条 网络运营者不得泄露、篡改、毁损其收集的个人信息；未经被收集者同意，不得向他人提供个人信息。但是，经过处理无法识别特定个人且不能复原的除外。

网络运营者应当采取技术措施和其他必要措施，确保其收集的个人信息安全，防止信息泄露、毁损、丢失。在发生或者可能发生个人信息泄露、毁损、丢失的情况时，应当立即采取补救措施，按照规定及时告知用户并向有关主管部门报告。

第四十三条 个人发现网络运营者违反法律、行政法规的规定或者双方的约定收集、使用其个人信息的，有权要求网络运营者删除其个人信息；发现网络运营者收集、存储的其个人信息有错误的，有权要求网络运营者予以更正。网络运营者应当采取措施予以删除或者更正。

第四十四条 任何个人和组织不得窃取或者以其他非法方式获取个人信息，不得非法出售或者非法向他人提供个人信息。

第四十五条 依法负有网络安全监督管理职责的部门及其工作人员，必须对在履行职责中知悉的个人信息、隐私和商业秘密严格保密，不得泄露、出售或者非法向他人提供。

第四十六条 任何个人和组织应当对其使用网络的行为负责，不得设立用于实施诈骗，传授犯罪方法，制作或者销售违禁物品、管制物品等违法犯罪活动的网站、通讯群组，不得利用网络发布涉及实施诈骗，制作或者销售违禁物品、管制物品以及其他违法犯罪活动的信息。

第四十七条 网络运营者应当加强对其用户发布的信息的管理，发现法律、行政法规禁止发布或者传输的信息的，应当立即停止传输该信息，采取消除等处置措施，防止信息扩散，保存有关记录，并向有关主管部门报告。

第四十八条 任何个人和组织发送的电子信息、提供的应用软件，不得设置恶意程序，不得含有法律、行政法规禁止发布或者传输的信息。

电子信息发送服务提供者和应用软件下载服务提供者，应当履行安全管理义务，知道其用户有前款规定行为的，应当停止提供服务，采取消除等处置措施，保存有关记录，并向有关主管部门报告。

第四十九条 网络运营者应当建立网络信息安全投诉、举报制度，公布投诉、举报方式等信息，及时受理并处理有关网络信息安全的投诉和举报。

网络运营者对网信部门和有关部门依法实施的监督检查，应当予以配合。

第五十条 国家网信部门和有关部门依法履行网络信息安全监督管理职责，发现法律、行政法规禁止发布或者传输的信息的，应当要求网络运营者停止传输，采取消除等处置措施，保存有关记录；对来源于中华人民共和国境外的上述信息，应当通知有关机构采取技术措施和其他必要措施阻断传播。

第五章　监测预警与应急处置

第五十一条　国家建立网络安全监测预警和信息通报制度。国家网信部门应当统筹协调有关部门加强网络安全信息收集、分析和通报工作，按照规定统一发布网络安全监测预警信息。

第五十二条　负责关键信息基础设施安全保护工作的部门，应当建立健全本行业、本领域的网络安全监测预警和信息通报制度，并按照规定报送网络安全监测预警信息。

第五十三条　国家网信部门协调有关部门建立健全网络安全风险评估和应急工作机制，制定网络安全事件应急预案，并定期组织演练。

负责关键信息基础设施安全保护工作的部门应当制定本行业、本领域的网络安全事件应急预案，并定期组织演练。

网络安全事件应急预案应当按照事件发生后的危害程度、影响范围等因素对网络安全事件进行分级，并规定相应的应急处置措施。

第五十四条　网络安全事件发生的风险增大时，省级以上人民政府有关部门应当按照规定的权限和程序，并根据网络安全风险的特点和可能造成的危害，采取下列措施：

（一）要求有关部门、机构和人员及时收集、报告有关信息，加强对网络安全风险的监测；

（二）组织有关部门、机构和专业人员，对网络安全风险信息进行分析评估，预测事件发生的可能性、影响范围和危害程度；

（三）向社会发布网络安全风险预警，发布避免、减轻危害的措施。

第五十五条 发生网络安全事件，应当立即启动网络安全事件应急预案，对网络安全事件进行调查和评估，要求网络运营者采取技术措施和其他必要措施，消除安全隐患，防止危害扩大，并及时向社会发布与公众有关的警示信息。

第五十六条 省级以上人民政府有关部门在履行网络安全监督管理职责中，发现网络存在较大安全风险或者发生安全事件的，可以按照规定的权限和程序对该网络的运营者的法定代表人或者主要负责人进行约谈。网络运营者应当按照要求采取措施，进行整改，消除隐患。

第五十七条 因网络安全事件，发生突发事件或者生产安全事故的，应当依照《中华人民共和国突发事件应对法》、《中华人民共和国安全生产法》等有关法律、行政法规的规定处置。

第五十八条 因维护国家安全和社会公共秩序，处置重大突发社会安全事件的需要，经国务院决定或者批准，可以在特定区域对网络通信采取限制等临时措施。

第六章　法律责任

第五十九条　网络运营者不履行本法第二十一条、第二十五条规定的网络安全保护义务的，由有关主管部门责令改正，给予警告；拒不改正或者导致危害网络安全等后果的，处一万元以上十万元以下罚款，对直接负责的主管人员处五千元以上五万元以下罚款。

关键信息基础设施的运营者不履行本法第三十三条、第三十四条、第三十六条、第三十八条规定的网络安全保护义务的，由有关主管部门责令改正，给予警告；拒不改正或者导致危害网络安全等后果的，处十万元以上一百万元以下罚款，对直接负责的主管人员处一万元以上十万元以下罚款。

第六十条　违反本法第二十二条第一款、第二款和第四十八条第一款规定，有下列行为之一的，由有关主管部门责令改正，给予警告；拒不改正或者导致危害网络安全等后果的，处五万元以上五十万元以下罚款，对直接负责的主管人员处一万元以上十万元以下罚款：

（一）设置恶意程序的；

（二）对其产品、服务存在的安全缺陷、漏洞等风险未立即采取补救措施，或者未按照规定及时告知用户并向有关主管部门报告的；

（三）擅自终止为其产品、服务提供安全维护的。

第六十一条 网络运营者违反本法第二十四条第一款规定，未要求用户提供真实身份信息，或者对不提供真实身份信息的用户提供相关服务的，由有关主管部门责令改正；拒不改正或者情节严重的，处五万元以上五十万元以下罚款，并可以由有关主管部门责令暂停相关业务、停业整顿、关闭网站、吊销相关业务许可证或者吊销营业执照，对直接负责的主管人员和其他直接责任人员处一万元以上十万元以下罚款。

第六十二条 违反本法第二十六条规定，开展网络安全认证、检测、风险评估等活动，或者向社会发布系统漏洞、计算机病毒、网络攻击、网络侵入等网络安全信息的，由有关主管部门责令改正，给予警告；拒不改正或者情节严重的，处一万元以上十万元以下罚款，并可以由有关主管部门责令暂停相关业务、停业整顿、关闭网站、吊销相关业务许可证或者吊销营业执照，对直接负责的主管人员和其他直接责任人员处五千元以上五万元以下罚款。

第六十三条 违反本法第二十七条规定，从事危害网络安全的活动，或者提供专门用于从事危害网络安全活动的程序、工具，或者为他人从事危害网络安全的活动提供技术支持、广告推广、支付结算等帮助，尚不构成犯罪的，由公安机关没收违法所得，处五日以下拘留，可以并处五万元以上五十万元以下罚款；情节较重的，处五日以上十五日以下拘留，可以并处十万元以上一百万元以下罚款。

单位有前款行为的，由公安机关没收违法所得，处十万元以上一百万元以下罚款，并对直接负责的主管人员和其他直接责任人员依照前款规定处罚。

违反本法第二十七条规定，受到治安管理处罚的人员，五年内不得从事网络安全管理和网络运营关键岗位的工作；受到刑事处罚的人员，终身不得从事网络安全管理和网络运营关键岗位的工作。

第六十四条 网络运营者、网络产品或者服务的提供者违反本法第二十二条第三款、第四十一条至第四十三条规定，侵害个人信息依法得到保护的权利的，由有关主管部门责令改正，可以根据情节单处或者并处警告、没收违法所得、处违法所得一倍以上十倍以下罚款，没有违法所得的，处一百万元以下罚款，对直接负责的主管人员和其他直接责任人员处一万元以上十万元以下罚款；情节严重的，并可以责令暂停相关业务、停业整顿、关闭网站、吊销相关业务许可证或者吊销营业执照。

违反本法第四十四条规定，窃取或者以其他非法方式获取、非法出售或者非法向他人提供个人信息，尚不构成犯罪的，由公安机关没收违法所得，并处违法所得一倍以上十倍以下罚款，没有违法所得的，处一百万元以下罚款。

第六十五条 关键信息基础设施的运营者违反本法第三十五条规定，使用未经安全审查或者安全审查未通过的网络产品或者服务的，由有关主管部门责令停止使用，处采购金额一倍以上十倍以下罚款；对直接负责的主管人员和其他直接责任人员处一万元以上十万元以下罚款。

第六十六条　关键信息基础设施的运营者违反本法第三十七条规定，在境外存储网络数据，或者向境外提供网络数据的，由有关主管部门责令改正，给予警告，没收违法所得，处五万元以上五十万元以下罚款，并可以责令暂停相关业务、停业整顿、关闭网站、吊销相关业务许可证或者吊销营业执照；对直接负责的主管人员和其他直接责任人员处一万元以上十万元以下罚款。

第六十七条　违反本法第四十六条规定，设立用于实施违法犯罪活动的网站、通讯群组，或者利用网络发布涉及实施违法犯罪活动的信息，尚不构成犯罪的，由公安机关处五日以下拘留，可以并处一万元以上十万元以下罚款；情节较重的，处五日以上十五日以下拘留，可以并处五万元以上五十万元以下罚款。关闭用于实施违法犯罪活动的网站、通讯群组。

单位有前款行为的，由公安机关处十万元以上五十万元以下罚款，并对直接负责的主管人员和其他直接责任人员依照前款规定处罚。

第六十八条　网络运营者违反本法第四十七条规定，对法律、行政法规禁止发布或者传输的信息未停止传输、采取消除等处置措施、保存有关记录的，由有关主管部门责令改正，给予警告，没收违法所得；拒不改正或者情节严重的，处十万元以上五十万元以下罚款，并可以责令暂停相关业务、停业整顿、关闭网站、吊销相关业务许可证或者吊销营业执照，对直接负责的主管人员和其他直接责任人员处一万元以上十万元以下罚款。

电子信息发送服务提供者、应用软件下载服务提供者，不履行本法第四十八条第二款规定的安全管理义务的，依照前款规定处罚。

第六十九条 网络运营者违反本法规定，有下列行为之一的，由有关主管部门责令改正；拒不改正或者情节严重的，处五万元以上五十万元以下罚款，对直接负责的主管人员和其他直接责任人员，处一万元以上十万元以下罚款：

（一）不按照有关部门的要求对法律、行政法规禁止发布或者传输的信息，采取停止传输、消除等处置措施的；

（二）拒绝、阻碍有关部门依法实施的监督检查的；

（三）拒不向公安机关、国家安全机关提供技术支持和协助的。

第七十条 发布或者传输本法第十二条第二款和其他法律、行政法规禁止发布或者传输的信息的，依照有关法律、行政法规的规定处罚。

第七十一条 有本法规定的违法行为的，依照有关法律、行政法规的规定记入信用档案，并予以公示。

第七十二条 国家机关政务网络的运营者不履行本法规定的网络安全保护义务的，由其上级机关或者有关机关责令改正；对直接负责的主管人员和其他直接责任人员依法给予处分。

第七十三条 网信部门和有关部门违反本法第三十条规定，将在履行网络安全保护职责中获取的信息用于其他用途的，对直接负责的主管人员和其他直接责任人员依法给予处分。

网信部门和有关部门的工作人员玩忽职守、滥用职权、徇私舞弊，尚不构成犯罪的，依法给予处分。

第七十四条 违反本法规定，给他人造成损害的，依法承担民事责任。

违反本法规定，构成违反治安管理行为的，依法给予治安管理处罚；构成犯罪的，依法追究刑事责任。

第七十五条 境外的机构、组织、个人从事攻击、侵入、干扰、破坏等危害中华人民共和国的关键信息基础设施的活动，造成严重后果的，依法追究法律责任；国务院公安部门和有关部门并可以决定对该机构、组织、个人采取冻结财产或者其他必要的制裁措施。

第七章 附 则

第七十六条 本法下列用语的含义：

（一）网络，是指由计算机或者其他信息终端及相关设备组成的按照一定的规则和程序对信息进行收集、存储、传输、交换、处理的系统。

（二）网络安全，是指通过采取必要措施，防范对网络的攻击、侵入、干扰、破坏和非法使用以及意外事故，使网络处于稳定可靠运行的状态，以及保障网络数据的完整性、保密性、可用性的能力。

（三）网络运营者，是指网络的所有者、管理者和网络服务提供者。

（四）网络数据，是指通过网络收集、存储、传输、处理和产生的各种电子数据。

（五）个人信息，是指以电子或者其他方式记录的能够单独或者与其他信息结合识别自然人个人身份的各种信息，包括但不限于自然人的姓名、出生日期、身份证件号码、个人生物识别信息、住址、电话号码等。

第七十七条 存储、处理涉及国家秘密信息的网络的运行安全保护，除应当遵守本法外，还应当遵守保密法律、行政法规的规定。

第七十八条 军事网络的安全保护，由中央军事委员会另行规定。

第七十九条 本法自2017年6月1日起施行。

关于《中华人民共和国网络安全法（草案)》的说明

——2015 年 6 月 24 日在第十二届全国人民代表大会常务委员会第十五次会议上

全国人大常委会法制工作委员会副主任　郎　胜

委员长、各位副委员长、秘书长、各位委员：

我受委员长会议的委托，作关于《中华人民共和国网络安全法（草案)》的说明。

一、关于制定本法的必要性和起草经过

当前，网络和信息技术迅猛发展，已经深度融入我国经济社会的各个方面，极大地改变和影响着人们的社会活动和生活方式，在促进技术创新、经济发展、文化繁荣、社会进步的同时，网络安全问题也日益凸显。一是，网络入侵、网络攻击等非法活动，严重威胁着电信、能源、交通、金融以及国防军事、行政管理等重要领域的信息基础设施的安全，云计算、大数据、物联网等新技术、新应用面临着更为复杂的网络安全环境。二是，非法获取、泄露甚至倒卖公民个人信息，侮辱诽谤他人、侵犯知识产权等违法活动在网络上时有发生，严重损害公民、法人和其他组织的合法权益。三是，宣扬恐怖主义、极端主义，煽动颠覆国家政权、推翻社会主义制度，以及淫秽色情等违法信息，借助网络传播、扩散，严重危害国家安全和社会公共利益。网络安全已成为关系国家安全和发展，关系人民群众切身利益的重大问题。

党的十八大以来，以习近平同志为总书记的党中央从总体国家安全观出发，就网络安全问题提出了一系列新思想新观点新论断，对加强国家网络安全工作作出重要部署。党的十八届四中全会决定要求完善网络安全保护方面的法律法规。广大人民群众十分关注网络安全，强烈要求依法加强网络空间治理，规范网络信息传播秩序，惩治网络违法犯罪，使网络空间清朗起来。全国人大代表也提出许多议案、建议，呼吁出台网络安全相关立法。为适应国家网络安全工作的新形势新任务，落实党中央的要求，回应人民群众的期待，本届全国人大常委会将制定网络安全方面的立法列入了立法规划、年度立法工作计划。张德江委员长和李建国副委员长等常委会领导同志多次就网络安全立法问题作出重要批示，要求“抓紧论证，抓紧起草，抓紧出台”。

根据党中央的要求和全国人大常委会立法工作安排，2014 年上半年，法工委组成工作专班，开展网络安全法研究起草工作。通过召开座谈会、论证会等多种方式听取中央有关部门，银行、证券、电力等重要信息系统运营机构，一些网络设备制造企业、互联网服务企业、网络安全企业，有关信息技术和法律专家的意见，并到北京、浙江、广东等一些地方调研，深入了解网络安全领域存在的突出问题，掌握各方面的立法需求。在此基础上，先后提出了网络安全立法的基本思路、制度框架和草案初稿，会同中央网信办与工业和信息化部、公安部、国务院法制办等部门多次交换意见，反复研究，提出了网络安全法草案征求意见稿。经同中央国安办、中央网信办共同商量，再次征求了有关部门的意见，作了进一步完善，形成了网络安全法草案。

二、关于立法的指导思想和把握的几点

网络安全法的指导思想是：坚持以总体国家安全观为指导，全面落实党的十八大和十八届三中、四中全会决策部署，坚持积极利用、科学发展、依法管理、确保安全的方针，充分发挥立法的引领和推动作用，针对当前我国网络安全领域的突出问题，以制度建设提高国家网络安全保障能力，掌握网络空间治理和规则制定方面的主动权，切实维护国家网络空间主权、安全和发展利益。

据此，起草工作把握了以下几点：

第一，坚持从国情出发。根据我国网络安全面临的严峻形势和网络立法的现状，充分总结近年来网络安全工作经验，确立保障网络安全的基本制度框架。重点对网络自身的安全作出制度性安排，同时在信息内容方面也作出相应的规范性规定，从网络设备设施安全、网络运行安全、网络数据安全、网络信息安全等方面建立和完善相关制度，体现中国特色；并注意借鉴有关国家的经验，主要制度与国外通行做法是一致的，并对内外资企业同等对待，不实行差别待遇。

第二，坚持问题导向。本法是网络安全管理方面的基础性法律，主要针对实践中存在的突出问题，将近年来一些成熟的好做法作为制度确定下来，为网络安全工作提供切实法律保障。对一些确有必要，但尚缺乏实践经验的制度安排做出原则性规定，同时注重与已有的相关法律法规相衔接，并为需要制定的配套法规预留接口。

第三，坚持安全与发展并重。维护网络安全，必须坚持积极利用、科学发展、依法管理、确保安全的方针，处理好与信息化发展的关系，做到协调一致、齐头并进。通过保障安全为发展提供良好环境，本法注重对网络安全制度作出规范的同时，注意保护各类网络主体的合法权利，保障网络信息依法有序自由流动，促进网络技术创新和信息化持续健康发展。

三、关于草案的主要内容

草案共七章六十八条。主要内容包括：

（一）关于维护网络主权和战略规划

网络主权是国家主权在网络空间的体现和延伸，网络主权原则是我国维护国家安全和利益、参与网络国际治理与合作所坚持的重要原则。为此，草案将“维护网络空间主权和国家安全”作为立法宗旨，规定：在中华人民共和国境内建设、运营、维护和使用网络，以及网络安全的监督管理，适用本法（草案第二条）。同时，按照安全与发展并重的原则，设专章对国家网络安全战略和重要领域网络安全规划、促进网络安全的支持措施作了规定（草案第二章）。

（二）关于保障网络产品和服务安全

维护网络安全，首先要保障网络产品和服务的安全。草案主要作了以下规定：一是，明确网络产品和服务提供者的安全义务，包括：不得设置恶意程序，及时向用户告知安全缺陷、漏洞等风险，持续提供安全维护服务等（草案第十八条）。二是，总结实践经验，将网络关键设备和网络安全专用产品的安全认证和安全检测制度上升为法律并作了必要的规范（草案第十九条）。三是，建立关键信息基础设施运营者采购网络产品、服务的安全审查制度，规定：关键信息基础设施的运营者采购网络产品或者服务，可能影响国家安全的，应当通过国家网信部门会同国务院有关部门组织的安全审查（草案第三十条）。

（三）关于保障网络运行安全

保障网络运行安全，必须落实网络运营者第一责任人的责任。据此，草案将现行的网络安全等级保护制度上升为法律，要求网络运营者按照网络安全等级保护制度的要求，采取相应的管理措施和技术防范等措施，履行相应的网络安全保护义务。（草案第十七条）

为了保障关键信息基础设施安全，维护国家安全、经济安全和保障民生，草案设专节对关键信息基础设施的运行安全作了规定，实行重点保护。范围包括基础信息网络、重要行业和领域的重要信息系统、军事网络、重要政务网络、用户数量众多的商业网络等。并对关键信息基础设施安全保护办法的制定、负责安全保护工作的部门、运营者的安全保护义务、有关部门

的监督和支持等作了规定。(草案第二十五条至第二十九条、第三十二条、第三十三条)

（四）关于保障网络数据安全

随着云计算、大数据等技术的发展和应用，网络数据安全对维护国家安全、经济安全，保护公民合法权益，促进数据利用至为重要。为此，草案作了以下规定：一是，要求网络运营者采取数据分类、重要数据备份和加密等措施，防止网络数据被窃取或者篡改（草案第十七条）。二是，加强对公民个人信息的保护，防止公民个人信息数据被非法获取、泄露或者非法使用（草案第三十四条至第三十九条）。三是，要求关键信息基础设施的运营者在境内存储公民个人信息等重要数据；确需在境外存储或者向境外提供的，应当按照规定进行安全评估（草案第三十一条）。

（五）关于保障网络信息安全

2012 年全国人大常委会关于加强网络信息保护的决定对规范网络信息传播活动作了原则规定。草案坚持加强网络信息保护的决定确立的原则，进一步完善了相关管理制度。一是，确立决定规定的网络身份管理制度即网络实名制，以保障网络信息的可追溯（草案第二十条）。二是，明确网络运营者处置违法信息的义务，规定：网络运营者发现法律、行政法规禁止发布或者传输的信息的，应当立即停止传输，采取消除等处置措施，防止信息扩散，保存有关记录，并向有关主管部门报告（草案第四十条）。三是规定，发送电子信息、提供应用软件不得含有法律、行政法规禁止发布或者传输的信息（草案第四十一条）。四是规定，为维护国家安全和侦查犯罪的需要，侦查机关依照法律规定，可以要求网络运营者提供必要的支持与协助（草案第二十三条）。五是，赋予有关主管部门处置违法信息、阻断违法信息传播的权力（草案第四十三条）。

（六）关于监测预警与应急处置

为了加强国家的网络安全监测预警和应急制度建设，提高网络安全保障能力，草案作了以下规定：一是，要求国务院有关部门建立健全网络安全监测预警和信息通报制度，加强网络安全信息收集、分析和情况通报工作（草案第四十四条、第四十五条）。二是，建立网络安全应急工作机制，制定应急预案（草案第四十六条）。三是，规定预警信息的发布及网络安全事件应急处置措施（草案第四十七条至第四十九条）。四是，为维护国家安全和社会公共秩序，处置重大突发社会安全事件，对网络管制作了规定（草案第五十条）。

（七）关于网络安全监督管理体制

为加强网络安全工作，草案规定：国家网信部门负责统筹协调网络安全工作和相关监督管理工作，并在一些条款中明确规定了其协调和管理职能。同时规定，国务院工业和信息化、公安等部门按照各自职责负责网络安全保护和监督管理相关工作（草案第六条）。

此外，草案还对违反本法规定的法律责任、相关用语的含义等作了规定。

网络安全法（草案）和以上说明是否妥当，请审议。

全国人民代表大会法律委员会关于《中华人民共和国网络安全法（草案）》修改情况的汇报

全国人民代表大会常务委员会：

2015 年 6 月，常委会第十五次会议对网络安全法（草案）进行了初次审议。会后，法制工作委员会将草案印发各省、自治区、直辖市、中央有关部门和部分高等院校、研究机构、企业征求意见。在中国人大网全文公布草案征求社会公众意见。法律委员会、法制工作委员会联合召开座谈会，听取中央有关部门、企业和专家对草案的意见；并就草案的有关问题与中央网信办、国务院法制办等方面交换意见，共同研究。法律委员会于 2015 年 9 月 28 日召开会议，根据常委会组成人员的审议意见和各方面意见，对草案进行了逐条审议。中央网信办、国务院法制办的负责同志列席了会议。之后，法律委员会、法制工作委员会继续对草案有关问题深入研究，到北京、贵州等地方调研，听取意见；并同中央国安办、中央网信办等方面共同研究，对草案有关规定作进一步修改完善。2016 年 5 月 31 日，法律委员会召开会议，再次进行审议。中央网信办、国务院法制办的负责同志列席了会议。6 月 13 日，法律委员会又召开会议，进行了审议。现将网络安全法（草案）主要问题的修改情况汇报如下：

一、有的常委会组成人员建议，将草案第十一条关于国家网络安全战略的内容移至总则中规定，明确其重要地位。一些常委会组成人员和地方、部门提出，为了更好地维护网络空间主权，积极主动应对境内外的网络攻击和破坏，应当进一步强化国家维护网络安全的措施，在相关条款中增加抵御境内外网络安全威胁、保护关键信息基础设施安全、惩治网络违法犯罪、维护网络空间秩序等内容。法律委员会赞同上述意见，建议对草案作以下修改：一是，将草案第十一条的内容移至总则，修改为：国家制定并不断完善网络安全战略，明确保障网络安全的基本要求和主要目标，提出重点领域的网络安全政策、工作任务和措施（草案二次审议稿第四条）；二是，增加规定：国家采取措施，监测、防御、处置来源于中华人民共和国境内外的网络安全风险和威胁，保护关键信息基础设施免受攻击、侵入、干扰和破坏，依法惩治网络违法犯罪活动，维护网络空间安全和秩序（草案二次审议稿第五条）。

二、一些常委会组成人员和地方、部门、社会公众提出，为净化网络环境，维护国家安全、公共利益，应当进一步规范网络使用行为，强调弘扬社会主义核心价值观。法律委员会经研究，建议对草案作以下修改：一是，在草案第四条中增加“推动传播社会主义核心价值观”（草案二次审议稿第六条）。二是，在草案第九条第二款中增加不得利用网络从事“煽动颠覆国家政权和推翻社会主义制度”、“侵害他人名誉、隐私”等活动（草案二次审议稿第十二条第二款）；并在草案第五十八条中增加规定，发布或者传输上述违法信息的，依照有关法律、行政法规的规定处罚（草案二次审议稿第六十七条）。

三、一些常委委员和地方、部门、社会公众提出，为营造良好的网络环境和秩序，应当进一步强化网络运营者的社会责任，明确网络运营者留存网络日志的期限以及配合有关部门监督检查的义务。法律委员会经研究，建议在草案中增加以下规定：一是，网络运营者必须遵守法律、行政法规，遵守社会公德、商业道德，诚实信用，履行网络安全保护义务，接受政府和社会公众的监督，承担社会责任（草案二次审议稿第九条）；二是，网络运营者留存网络日志不得少于六个月（草案二次审议稿第二十条第三项）；三是，网络运营者对有关部门依法实施的监督检查应当予以配合（草案二次审议稿第四十七条第二款）。

四、一些常委委员和地方、部门、企业、专家提出，为协同推进网络安全与发展，建议增加支持推广自主可控的网络产品、完善网络安全服务体系、促进大数据应用、创新网络安全管理方式等内容。法律委员会经研究，建议在草案中增加以下规定：一是，在草案第十四条中增加“推广安全可信的网络产品和服务”（草案二次审议稿第十五条）。二是，增加规定：国家推进网络安全社会化服务体系建设，鼓励企业、机构开展网络安全认证、检测和风险评估等服务（草案二次审议稿第十六条）。三是，增加规定：国家鼓励开发网络数据安全保护和利用技术，促进公共数据资源开放，推动技术创新和经济社会发展；

支持创新网络安全管理方式，运用网络新技术，提升网络安全保护水平（草案二次审议稿第十七条）。四是，增加大数据应用必须对公民个人信息进行无法识别特定个人处理的规定，进一步明确公民个人信息使用规则（草案二次审议稿第四十一条第一款）。

五、一些地方、部门提出，为增强网络身份管理制度的针对性和有效性，建议在草案第二十条中明确对即时通讯服务实行用户实名管理，并增加实施网络可信身份战略的内容。法律委员会经研究，建议在草案第二十条第一款中增加规定，网络运营者为用户提供即时通讯等服务，应当要求用户提供真实身份信息；在第二款中增加国家实施网络可信身份战略。（草案二次审议稿第二十三条）

六、一些地方、部门和企业提出，当前一些个人和机构随意发布系统漏洞等网络安全信息，对维护网络安全影响较大，应予规范。法律委员会经研究，建议增加规定：开展网络安全认证、检测、风险评估等活动，向社会发布系统漏洞、计算机病毒、网络攻击、网络侵入等网络安全信息，应当遵守国家有关规定。（草案二次审议稿第二十五条）

七、一些地方、部门和企业提出，草案规定的关键信息基础设施保护制度与网络安全等级保护制度在管理对象上有交叉，应在网络安全等级保护制度的基础上，对关键信息基础设施予以重点保护。一些常委委员和地方、部门建议对关键信息基础设施的范围不作列举，可由国务院制定配套规定予以明确。法律委员会经研究，建议将草案第二十五条修改为：国家对一旦遭到破坏、丧失功能或者数据泄露，可能严重危害国家安全、国计民生、公共利益的关键信息基础设施，在网络安全等级保护制度的基础上，实行重点保护。关键信息基础设施的具体范围和安全保护办法由国务院制定。（草案二次审议稿第二十九条第一款）

八、草案第三十一条规定，关键信息基础设施的运营者应当在我国境内存储在运营中收集和产生的公民个人信息等重要数据；因业务需要，确需在境外存储或者向境外提供的，应当按照规定进行安全评估。一些部门、企业和专家建议进一步明确应在境内存储的重要数据为在我国境内运营中收集和产生的数据。有的地方、部门和社会公众提出，关键信息基础设施运营者的重要业务数据也应存储在境内。法律委员会经研究，建议将草案的上述规定修改为：关键信息基础设施的运营者在中华人民共和国境内运营中收集和产生的公民个人信息和重要业务数据应当在境内存储。因业务需要，确需向境外提供的，应当按照国家网信部门会同国务院有关部门制定的办法进行安全评估。（草案二次审议稿第三十五条）

九、有的企业、专家提出，在关键信息基础设施保护中，应当鼓励网络运营者自愿参与国家关键信息基础设施保护体系，促进网络运营者、专业机构和政府有关部门之间的网络安全信息共享，同时加强对这些信息的保护。法律委员会经研究，建议在草案中增加以下规定：一是，国家鼓励关键信息基础设施以外的网络运营者自愿参与关键信息基础设施保护体系（草案二次审议稿第二十九条第二款）；二是，国家网信部门和有关部门在关键信息基础设施保护中获取的信息，只能用于维护网络安全的需要，不得用于其他用途（草案二次审议稿第三十八条）。

十、一些常委委员和地方、部门建议，加大对危害网络安全行为的惩戒力度，增加约谈、记入信用档案、从业禁止等惩戒措施。法律委员会经研究，建议在草案中增加以下规定：一是，对网络存在较大安全隐患或者发生安全事件的运营者，有关部门可以按照规定的权限和程序对其法定代表人或主要负责人进行约谈（草案二次审议稿第五十四条）；二是，对故意从事危害网络安全的活动受到治安管理处罚或者刑事处罚的人员，终身不得从事网络安全管理和网络运营关键岗位的工作（草案二次审议稿第六十一条第三款）；三是，对有本法规定的违法行为的，依照有关法律、行政法规的规定记入信用档案，并予以公示（草案二次审议稿第六十八条）。

此外，还对草案作了一些文字修改。

草案二次审议稿已按上述意见作了修改，法律委员会建议提请本次常委会会议继续审议。

草案二次审议稿和以上汇报是否妥当，请审议。

全国人民代表大会法律委员会

2016 年 6 月 27 日

全国人民代表大会法律委员会关于《中华人民共和国网络安全法（草案）》审议结果的报告

全国人民代表大会常务委员会：

常委会第二十一次会议对网络安全法草案进行了再次审议。会后，法制工作委员会在中国人大网全文公布草案二次审议稿征求社会公众意见。法律委员会、法制工作委员会到一些地方调研，听取意见，并就草案的有关问题与中央国安办、中央网信办等方面交换意见，共同研究。法律委员会于10月8日召开会议，根据常委会组成人员的审议意见和各方面意见，对草案进行了逐条审议。中央国安办、中央网信办、国务院法制办有关负责同志列席了会议。10月18日，法律委员会召开会议，再次进行审议。法律委员会认为，为保障网络安全，维护网络空间主权和国家安全、社会公共利益，保护公民、法人和其他组织的合法权益，促进经济社会信息化健康发展，制定网络安全法是必要的，草案经过常委会两次审议修改，已经比较成熟。同时，提出以下主要修改意见：

一、一些常委会组成人员建议，进一步充实推进网络互联互通、培养网络安全人才等内容，促进网络安全标准化建设。法律委员会经研究，建议对草案二次审议稿作以下修改：一是，在第三条中增加推进网络基础设施互联互通、支持培养网络安全人才的规定（草案三次审议稿第三条）；二是，在第十四条第二款中增加支持研究机构、高等学校参与网络安全标准制定的规定（草案三次审议稿第十五条第二款）。

二、一些常委会组成人员建议，在草案二次审议稿第十二条第二款规定的禁止利用网络从事的活动中增加：不得从事“煽动分裂国家、破坏国家统一”的活动。法律委员会建议采纳这一意见。（草案三次审议稿第十二条第二款）

三、一些常委会组成人员建议增加保障未成年人上网安全的原则规定，为制定相应的配套法规提供依据，营造有利于未成年人健康成长的网络环境。法律委员会经研究，建议增加一条规定：国家鼓励研究开发有利于未成年人健康成长的网络产品和服务，依法惩治利用网络从事危害未成年人身心健康的活动，为未成年人提供安全、健康的网络环境。（草案三次审议稿第十三条）

四、草案二次审议稿第二十条中规定，网络运营者应当留存网络日志不少于六个月。一些互联网企业提出，从维护网络安全的需要看，要求所有网络日志都留存六个月没有必要。法律委员会经研究，建议将草案二次审议稿的上述规定修改为：网络运营者应当按照规定留存相关的网络日志不少于六个月。（草案三次审议稿第十一条第三项）

五、一些常委会组成人员建议，明确关键信息基础设施涉及的主要行业和领域，进一步界定关键信息基础设施的范围。

法律委员会经研究，建议将草案二次审议稿第二十九条第一款修改为："国家对公共通信和信息服务、能源、交通、水利、金融、公共服务、电子政务等重要行业和领域，以及其他一旦遭到破坏、丧失功能或者数据泄露，可能严重危害国家安全、国计民生、公共利益的关键信息基础设施，在网络安全等级保护制度的基础上，实行重点保护。关键信息基础设施的具体范围和安全保护办法由国务院制定。"（草案三次审议稿第三十一条第一款）

六、一些常委会组成人员提出，当前网络诈骗等新型网络违法犯罪呈多发态势，广大人民群众迫切希望加大惩治力度，建议对此作出有针对性的规定。法律委员会经研究，建议增加规定：任何个人和组织不得设立用于实施诈骗，传授犯罪方法，制作或者销售违禁物品、管制物品等违法犯罪活动的网站、通讯群组，不得利用网络发布与实施诈骗，制作或者销售违禁物品、管制物品以及其他违法犯罪活动有关的信息；并增加规定相应的法律责任。（草案三次审议稿第四十六条、第六十七条）

七、草案二次审议稿第六十一条第三款规定，从事危害网络安全的活动，受到治安管理处罚或者刑事处罚的人员，终身不得从事网络安全管理和网络运营关键岗位的工作。一些社会公众、企业建议区分情况规定对上述人员从业的限制。法律委员会经研究，建议规定：受到治安管理处罚的人员，五年内不得从事网络安全管理和网络运营关键岗位的工作。对受到刑事

处罚的人员，维持终身禁业的规定。（草案三次审议稿第六十三条第三款）

八、一些常委会组成人员和社会公众、专家提出，对攻击、破坏我国关键信息基础设施的境外组织和个人，应规定相应的惩治措施。法律委员会经研究，为应对并制裁境外组织和个人对我国关键信息基础设施的攻击和破坏，建议增加一条规定：境外的个人或者组织从事攻击、侵入、干扰、破坏等危害中华人民共和国的关键信息基础设施的活动，造成严重后果的，依法追究法律责任；国务院公安部门和有关部门并可以决定对该个人或者组织采取冻结财产或者其他必要的制裁措施。（草案三次审议稿第七十五条）

此外，还对草案二次审议稿作了一些文字修改。

草案三次审议稿已按上述意见作了修改，法律委员会建议提请本次常委会会议审议通过。

草案三次审议稿和以上报告是否妥当，请审议。

全国人民代表大会法律委员会

2016 年 10 月 31 日

全国人民代表大会法律委员会关于《中华人民共和国网络安全法（草案三次审议稿）》修改意见的报告

全国人民代表大会常务委员会：

本次常委会会议于10月31日下午对网络安全法（草案三次审议稿）进行了分组审议，普遍认为，草案已经比较成熟，建议进一步修改后，提请本次会议通过。同时，有些常委会组成人员还提出了一些修改意见。法律委员会于11月3日上午召开会议，逐条研究了常委会组成人员的审议意见，对草案进行了审议。中央国安办、中央网信办、国务院法制办有关负责同志列席了会议。法律委员会认为，草案是可行的，同时，提出以下修改意见：

一、一些常委会组成人员建议，在草案三次审议稿第九条中增加“尊重社会公德”；在第十二条第二款规定的禁止利用网络从事的活动中增加：不得从事“危害国家荣誉和利益”的活动；将第十三条规定的“鼓励研究开发有利于未成年人健康成长的网络产品和服务”中的“鼓励”改为“支持”。法律委员会建议采纳上述意见。（草案建议表决稿第九条、第十二条第二款、第十三条）

二、有的常委委员建议，在草案三次审议稿第十四条中增加保护举报人权益的规定。据此，法律委员会建议增加一款规定：有关部门应当对举报人的相关信息予以保密，保护举报人的合法权益。（草案建议表决稿第十四条第二款）

三、草案三次审议稿第四十六条对惩治网络诈骗等新型网络违法犯罪活动作了规定。有的常委委员建议进一步强调个人和组织应当对其上网行为负责。据此，法律委员会建议在本条中增加规定：任何个人和组织“应当对其使用网络的行为负责”。（草案建议表决稿第四十六条）

四、一些常委会组成人员建议加大对相关违法行为的处罚力度。法律委员会经研究，建议对草案三次审议稿作以下修改：一是，提高第六十三条、第六十四条规定的罚款处罚数额（草案建议表决稿第六十三条、第六十四条）；二是，在第六十七条中增加“关闭用于实施违法犯罪活动的网站、通讯群组”（草案建议表决稿第六十七条）。

此外，根据常委会组成人员的审议意见，还对草案三次审议稿作了个别文字修改。

草案建议表决稿已按上述意见作了修改，法律委员会建议本次常委会会议通过。

在常委会审议中，有些常委会组成人员还对本法的贯彻实施提出了一些好的意见和建议。法律委员会建议法律通过后，国务院及有关主管部门应当抓紧制定、修改配套法规，做好宣传和舆论引导工作，加强业务培训和队伍建设，落实监管责任，确保法律得到全面有效实施。

草案建议表决稿和以上报告是否妥当，请审议。

全国人民代表大会法律委员会

2016年11月6日

二、相关决定、法律、法规

全国人民代表大会常务委员会关于维护互联网安全的决定

（2000年12月28日第九届全国人民代表大会常务委员会第十九次会议通过　根据2009年8月27日第十一届全国人民代表大会常务委员会第十次会议《关于修改部分法律的决定》修正）

我国的互联网，在国家大力倡导和积极推动下，在经济建设和各项事业中得到日益广泛的应用，使人们的生产、工作、学习和生活方式已经开始并将继续发生深刻的变化，对于加快我国国民经济、科学技术的发展和社会服务信息化进程具有重要作用。同时，如何保障互联网的运行安全和信息安全问题已经引起全社会的普遍关注。为了兴利除弊，促进我国互联网的健康发展，维护国家安全和社会公共利益，保护个人、法人和其他组织的合法权益，特作如下决定：

一、为了保障互联网的运行安全，对有下列行为之一，构成犯罪的，依照刑法有关规定追究刑事责任：

（一）侵入国家事务、国防建设、尖端科学技术领域的计算机信息系统；

（二）故意制作、传播计算机病毒等破坏性程序，攻击计算机系统及通信网络，致使计算机系统及通信网络遭受损害；

（三）违反国家规定，擅自中断计算机网络或者通信服务，造成计算机网络或者通信系统不能正常运行。

二、为了维护国家安全和社会稳定，对有下列行为之一，构成犯罪的，依照刑法有关规定追究刑事责任：

（一）利用互联网造谣、诽谤或者发表、传播其他有害信息，煽动颠覆国家政权、推翻社会主义制度，或者煽动分裂国家、破坏国家统一；

（二）通过互联网窃取、泄露国家秘密、情报或者军事秘密；

（三）利用互联网煽动民族仇恨、民族歧视，破坏民族团结；

（四）利用互联网组织邪教组织、联络邪教组织成员，破坏国家法律、行政法规实施。

三、为了维护社会主义市场经济秩序和社会管理秩序，对有下列行为之一，构成犯罪的，依照刑法有关规定追究刑事责任：

（一）利用互联网销售伪劣产品或者对商品、服务作虚假宣传；

（二）利用互联网损害他人商业信誉和商品声誉；

（三）利用互联网侵犯他人知识产权；

（四）利用互联网编造并传播影响证券、期货交易或者其他扰乱金融秩序的虚假信息；

（五）在互联网上建立淫秽网站、网页，提供淫秽站点链接服务，或者传播淫秽书刊、影片、音像、图片。

四、为了保护个人、法人和其他组织的人身、财产等合法权利，对有下列行为之一，构成犯罪的，依照刑法有关规定追究刑事责任：

（一）利用互联网侮辱他人或者捏造事实诽谤他人；

（二）非法截获、篡改、删除他人电子邮件或者其他数据资料，侵犯公民通信自由和通信秘密；

（三）利用互联网进行盗窃、诈骗、敲诈勒索。

五、利用互联网实施本决定第一条、第二条、第三条、第四条所列行为以外的其他行为，构成犯罪的，依照刑法有关规定追究刑事责任。

六、利用互联网实施违法行为，违反社会治安管理，尚不构成犯罪的，由公安机关依照《治安管理处罚条例》予以处罚；违反其他法律、行政法规，尚不构成犯罪的，由有关行政管理部门依法给予行政处罚；对直接负责的主管人员和其他直接责任人员，依法给予行政处分或者纪律处分。

利用互联网侵犯他人合法权益，构成民事侵权的，依法承担民事责任。

七、各级人民政府及有关部门要采取积极措施，在促进互联网的应用和网络技术的普及过程中，重视和支持对网络安全技术的研究和开发，增强网络的安全防护能力。有关主管部门要加强对互联网的运行安全和信息安全的宣传教育，依法实施有效的监督管理，防范和制止利用互联网进行的各种违法活动，为互联网的健康发展创造良好的社会环境。从事互联网业务的单位要依法开展活动，发现互联网上出现违法犯罪行为和有害信息时，要采取措施，停止传输有害信息，并及时向有关机关报告。任何单位和个人在利用互联网时，都要遵纪守法，抵制各种违法犯罪行为和有害信息。人民法院、人民检察院、公安机关、国家安全机关要各司其职，密切配合，依法严厉打击利用互联网实施的各种犯罪活动。要动员全社会的力量，依靠全社会的共同努力，保障互联网的运行安全与信息安全，促进社会主义精神文明和物质文明建设。

全国人民代表大会常务委员会关于加强网络信息保护的决定

（2012年12月28日第十一届全国人民代表大会常务委员会第三十次会议通过）

为了保护网络信息安全，保障公民、法人和其他组织的合法权益，维护国家安全和社会公共利益，特作如下决定：

一、国家保护能够识别公民个人身份和涉及公民个人隐私的电子信息。

任何组织和个人不得窃取或者以其他非法方式获取公民个人电子信息，不得出售或者非法向他人提供公民个人电子信息。

二、网络服务提供者和其他企业事业单位在业务活动中收集、使用公民个人电子信息，应当遵循合法、正当、必要的原则，明示收集、使用信息的目的、方式和范围，并经被收集者同意，不得违反法律、法规的规定和双方的约定收集、使用信息。

网络服务提供者和其他企业事业单位收集、使用公民个人电子信息，应当公开其收集、使用规则。

三、网络服务提供者和其他企业事业单位及其工作人员对在业务活动中收集的公民个人电子信息必须严格保密，不得泄露、篡改、毁损，不得出售或者非法向他人提供。

四、网络服务提供者和其他企业事业单位应当采取技术措施和其他必要措施，确保信息安全，防止在业务活动中收集的公民个人电子信息泄露、毁损、丢失。在发生或者可能发生信息泄露、毁损、丢失的情况时，应当立即采取补救措施。

五、网络服务提供者应当加强对其用户发布的信息的管理，发现法律、法规禁止发布或者传输的信息的，应当立即停止传输该信息，采取消除等处置措施，保存有关记录，并向有关主管部门报告。

六、网络服务提供者为用户办理网站接入服务，办理固定电话、移动电话等入网手续，或者为用户提供信息发布服务，应当在与用户签订协议或者确认提供服务时，要求用户提供真实身份信息。

七、任何组织和个人未经电子信息接收者同意或者请求，或者电子信息接收者明确表示拒绝的，不得向其固定电话、移动电话或者个人电子邮箱发送商业性电子信息。

八、公民发现泄露个人身份、散布个人隐私等侵害其合法权益的网络信息，或者受到商业性电子信息侵扰的，有权要求网络服务提供者删除有关信息或者采取其他必要措施予以制止。

九、任何组织和个人对窃取或者以其他非法方式获取、出售或者非法向他人提供公民个人电子信息的违法犯罪行为以及其他网络信息违法犯罪行为，有权向有关主管部门举报、控告；接到举报、控告的部门应当依法及时处理。被侵权人可以依法提起诉讼。

十、有关主管部门应当在各自职权范围内依法履行职责，采取技术措施和其他必要措施，防范、制止和查处窃取或者以其他非法方式获取、出售或者非法向他人提供公民个人电子信息的违法犯罪行为以及其他网络信息违法犯罪行为。有关主管部门依法履行职责时，网络服务提供者应当予以配合，提供技术支持。

国家机关及其工作人员对在履行职责中知悉的公民个人电子信息应当予以保密，不得泄露、篡改、毁损，不得出售或者非法向他人提供。

十一、对有违反本决定行为的，依法给予警告、罚款、没收违法所得、吊销许可证或者取消备案、关闭网站、禁止有关责任人员从事网络服务业务等处罚，记入社会信用档案并予以公布；构成违反治安管理行为的，依法给予治安管理处罚。构成犯罪的，依法追究刑事责任。侵害他人民事权益的，依法承担民事责任。

十二、本决定自公布之日起施行。

中华人民共和国刑法（节录）*

（1979 年 7 月 1 日第五届全国人民代表大会第二次会议通过　1997 年 3 月 14 日第八届全国人民代表大会第五次会议修订　1997 年 3 月 14 日中华人民共和国主席令第 83 号公布　自 1997 年 10 月 1 日起施行）

第二百五十三条之一　违反国家有关规定，向他人出售或者提供公民个人信息，情节严重的，处三年以下有期徒刑或者拘役，并处或者单处罚金；情节特别严重的，处三年以上七年以下有期徒刑，并处罚金。

---

* 根据 1998 年 12 月 29 日第九届全国人民代表大会常务委员会第六次会议通过的《全国人民代表大会常务委员会关于惩治骗购外汇、逃汇和非法买卖外汇犯罪的决定》、1999 年 12 月 25 日第九届全国人民代表大会常务委员会第十三次会议通过的《中华人民共和国刑法修正案》、2001 年 8 月 31 日第九届全国人民代表大会常务委员会第二十三次会议通过的《中华人民共和国刑法修正案（二）》、2001 年 12 月 29 日第九届全国人民代表大会常务委员会第二十五次会议通过的《中华人民共和国刑法修正案（三）》、2002 年 12 月 28 日第九届全国人民代表大会常务委员会第三十一次会议通过的《中华人民共和国刑法修正案（四）》、2005 年 2 月 28 日第十届全国人民代表大会常务委员会第十四次会议通过的《中华人民共和国刑法修正案（五）》、2006 年 6 月 29 日第十届全国人民代表大会常务委员会第二十二次会议通过的《中华人民共和国刑法修正案（六）》、2009 年 2 月 28 日第十一届全国人民代表大会常务委员会第七次会议通过的《中华人民共和国刑法修正案（七）》、2009 年 8 月 27 日第十一届全国人民代表大会常务委员会第十次会议通过的《关于修改部分法律的决定》、2011 年 2 月 25 日第十一届全国人民代表大会常务委员会第十九次会议通过的《中华人民共和国刑法修正案（八）》、2015 年 8 月 29 日第十二届全国人民代表大会常务委员会第十六次会议通过的《中华人民共和国刑法修正案（九）》修订。

违反国家有关规定，将在履行职责或者提供服务过程中获得的公民个人信息，出售或者提供给他人的，依照前款的规定从重处罚。

窃取或者以其他方法非法获取公民个人信息的，依照第一款的规定处罚。

单位犯前三款罪的，对单位判处罚金，并对其直接负责的主管人员和其他直接责任人员，依照各该款的规定处罚。

第二百八十五条 违反国家规定，侵入国家事务、国防建设、尖端科学技术领域的计算机信息系统的，处三年以下有期徒刑或者拘役。

违反国家规定，侵入前款规定以外的计算机信息系统或者采用其他技术手段，获取该计算机信息系统中存储、处理或者传输的数据，或者对该计算机信息系统实施非法控制，情节严重的，处三年以下有期徒刑或者拘役，并处或者单处罚金；情节特别严重的，处三年以上七年以下有期徒刑，并处罚金。

提供专门用于侵入、非法控制计算机信息系统的程序、工具，或者明知他人实施侵入、非法控制计算机信息系统的违法犯罪行为而为其提供程序、工具，情节严重的，依照前款的规定处罚。

单位犯前三款罪的，对单位判处罚金，并对其直接负责的主管人员和其他直接责任人员，依照各该款的规定处罚。

第二百八十六条 违反国家规定，对计算机信息系统功能进行删除、修改、增加、干扰，造成计算机信息系统不能正常运行，后果严重的，处五年以下有期徒刑或者拘役；后果特别严重的，处五年以上有期徒刑。

违反国家规定，对计算机信息系统中存储、处理或者传输的数据和应用程序进行删除、修改、增加的操作，后果严重的，依照前款的规定处罚。

故意制作、传播计算机病毒等破坏性程序，影响计算机系统正常运行，后果严重的，依照第一款的规定处罚。

单位犯前三款罪的，对单位判处罚金，并对其直接负责的主管人员和其他直接责任人员，依照第一款的规定处罚。

第二百八十六条之一 网络服务提供者不履行法律、行政法规规定的信息网络安全管理义务，经监管部门责令采取改正措施而拒不改正，有下列情形之一的，处三年以下有期徒刑、拘役或者管制，并处或者单处罚金：

（一）致使违法信息大量传播的；

（二）致使用户信息泄露，造成严重后果的；

（三）致使刑事案件证据灭失，情节严重的；

（四）有其他严重情节的。

单位犯前款罪的，对单位判处罚金，并对其直接负责的主管人员和其他直接责任人员，依照前款的规定处罚。

有前两款行为，同时构成其他犯罪的，依照处罚较重的规定定罪处罚。

第二百八十七条 利用计算机实施金融诈骗、盗窃、贪污、挪用公款、窃取国家秘密或者其他犯罪的，依照本法有关规定定罪处罚。

第二百八十七条之一 利用信息网络实施下列行为之一，情节严重的，处三年以下有期徒刑或者拘役，并处或者单处罚金：

（一）设立用于实施诈骗、传授犯罪方法、制作或者销售违禁物品、管制物品等违法犯罪活动的网站、通讯群组的；

（二）发布有关制作或者销售毒品、枪支、淫秽物品等违禁物品、管制物品或者其他违法犯罪信息的；

（三）为实施诈骗等违法犯罪活动发布信息的。

单位犯前款罪的，对单位判处罚金，并对其直接负责的主管人员和其他直接责任人员，依照第一款的规定处罚。

有前两款行为，同时构成其他犯罪的，依照处罚较重的规定定罪处罚。

第二百八十七条之二 明知他人利用信息网络实施犯罪，为其犯罪提供互联网接入、服务器托管、网络存储、通讯传输等技术支持，或者提供广告推广、支付结算等帮助，情节严重的，处三年以下有期徒刑或者拘役，并处或者单处罚金。

单位犯前款罪的，对单位判处罚金，并对其直接负责的主管人员和其他直接责任人员，依照第一款的规定处罚。

有前两款行为，同时构成其他犯罪的，依照处罚较重的规定定罪处罚。

第二百八十八条 违反国家规定，擅自设置、使用无线电台（站），或者擅自使用无线电频率，干扰无线电通讯秩序，情节严重的，处三年以下有期徒刑、拘役或者管制，并处或者单处罚金；情节特别严重的，处三年以上七年以下有期徒刑，并处罚金。

单位犯前款罪的，对单位判处罚金，并对其直接负责的主管人员和其他直接责任人员，依照前款的规定处罚。

中华人民共和国
治安管理处罚法（节录）

（2005年8月28日第十届全国人民代表大会常务委员会第十七次会议通过　根据2012年10月26日第十一届全国人民代表大会常务委员会第二十九次会议《关于修改〈中华人民共和国治安管理处罚法〉的决定》修正）

第二十九条　有下列行为之一的，处五日以下拘留；情节较重的，处五日以上十日以下拘留：

（一）违反国家规定，侵入计算机信息系统，造成危害的；

（二）违反国家规定，对计算机信息系统功能进行删除、修改、增加、干扰，造成计算机信息系统不能正常运行的；

（三）违反国家规定，对计算机信息系统中存储、处理、传输的数据和应用程序进行删除、修改、增加的；

（四）故意制作、传播计算机病毒等破坏性程序，影响计算机信息系统正常运行的。

中华人民共和国计算机信息系统安全保护条例

（1994年2月18日中华人民共和国国务院令第147号发布　根据2011年1月8日《国务院关于废止和修改部分行政法规的决定》修订）

第一章　总　　则

第一条　为了保护计算机信息系统的安全，促进计算机的应用和发展，保障社会主义现代化建设的顺利进行，制定本条例。

第二条　本条例所称的计算机信息系统，是指由计算机及其相关的和配套的设备、设施（含网络）构成的，按照一定的应用目标和规则对信息进行采集、加工、存储、传输、检索等处理的人机系统。

第三条　计算机信息系统的安全保护，应当保障计算机及其相关的和配套的设备、设施（含网络）的安全，运行环境的安全，保障信息的安全，保障计算机功能的正常发挥，以维护计算机信息系统的安全运行。

第四条　计算机信息系统的安全保护工作，重点维护国家事务、经济建设、国防建设、尖端科学技术等重要领域的计算机信息系统的安全。

第五条 中华人民共和国境内的计算机信息系统的安全保护，适用本条例。

未联网的微型计算机的安全保护办法，另行制定。

第六条 公安部主管全国计算机信息系统安全保护工作。

国家安全部、国家保密局和国务院其他有关部门，在国务院规定的职责范围内做好计算机信息系统安全保护的有关工作。

第七条 任何组织或者个人，不得利用计算机信息系统从事危害国家利益、集体利益和公民合法利益的活动，不得危害计算机信息系统的安全。

第二章 安全保护制度

第八条 计算机信息系统的建设和应用，应当遵守法律、行政法规和国家其他有关规定。

第九条 计算机信息系统实行安全等级保护。安全等级的划分标准和安全等级保护的具体办法，由公安部会同有关部门制定。

第十条 计算机机房应当符合国家标准和国家有关规定。

在计算机机房附近施工，不得危害计算机信息系统的安全。

第十一条 进行国际联网的计算机信息系统，由计算机信息系统的使用单位报省级以上人民政府公安机关备案。

第十二条 运输、携带、邮寄计算机信息媒体进出境的，应当如实向海关申报。

第十三条 计算机信息系统的使用单位应当建立健全安全管理制度，负责本单位计算机信息系统的安全保护工作。

第十四条 对计算机信息系统中发生的案件，有关使用单位应当在24小时内向当地县级以上人民政府公安机关报告。

第十五条 对计算机病毒和危害社会公共安全的其他有害数据的防治研究工作，由公安部归口管理。

第十六条 国家对计算机信息系统安全专用产品的销售实行许可证制度。具体办法由公安部会同有关部门制定。

第三章 安全监督

第十七条 公安机关对计算机信息系统安全保护工作行使下列监督职权：

（一）监督、检查、指导计算机信息系统安全保护工作；

（二）查处危害计算机信息系统安全的违法犯罪案件；

（三）履行计算机信息系统安全保护工作的其他监督职责。

第十八条 公安机关发现影响计算机信息系统安全的隐患时，应当及时通知使用单位采取安全保护措施。

第十九条 公安部在紧急情况下，可以就涉及计算机信息系统安全的特定事项发布专项通令。

第四章 法律责任

第二十条 违反本条例的规定，有下列行为之一的，由公安机关处以警告或者停机整顿：

（一）违反计算机信息系统安全等级保护制度，危害计算机信息系统安全的；

（二）违反计算机信息系统国际联网备案制度的；

（三）不按照规定时间报告计算机信息系统中发生的案件的；

（四）接到公安机关要求改进安全状况的通知后，在限期内拒不改进的；

（五）有危害计算机信息系统安全的其他行为的。

第二十一条 计算机机房不符合国家标准和国家其他有关规定的，或者在计算机机房附近施工危害计算机信息系统安全的，由公安机关会同有关单位进行处理。

第二十二条 运输、携带、邮寄计算机信息媒体进出境，不如实向海关申报的，由海关依照《中华人民共和国海关法》和本条例以及其他有关法律、法规的规定处理。

第二十三条 故意输入计算机病毒以及其他有害数据危害计算机信息系统安全的，或者未经许可出售计算机信息系统安全专用产品的，由公安机关处以警告或者对个人处以5000元以下的罚款、对单位处以1.5万元以下的罚款；有违法所得的，除予以没收外，可以处以违法所得1至3倍的罚款。

第二十四条 违反本条例的规定，构成违反治安管理行为的，依照《中华人民共和国治安管理处罚法》的有关规定处罚；构成犯罪的，依法追究刑事责任。

第二十五条　任何组织或者个人违反本条例的规定，给国家、集体或者他人财产造成损失的，应当依法承担民事责任。

第二十六条　当事人对公安机关依照本条例所作出的具体行政行为不服的，可以依法申请行政复议或者提起行政诉讼。

第二十七条　执行本条例的国家公务员利用职权，索取、收受贿赂或者有其他违法、失职行为，构成犯罪的，依法追究刑事责任；尚不构成犯罪的，给予行政处分。

第五章　附　　则

第二十八条　本条例下列用语的含义：

计算机病毒，是指编制或者在计算机程序中插入的破坏计算机功能或者毁坏数据，影响计算机使用，并能自我复制的一组计算机指令或者程序代码。

计算机信息系统安全专用产品，是指用于保护计算机信息系统安全的专用硬件和软件产品。

第二十九条　军队的计算机信息系统安全保护工作，按照军队的有关法规执行。

第三十条　公安部可以根据本条例制定实施办法。

第三十一条　本条例自发布之日起施行。

中华人民共和国电信条例（节录）

（2000 年 9 月 25 日中华人民共和国国务院令第 291 号公布　根据 2014 年 7 月 29 日《国务院关于修改部分行政法规的决定》第一次修订　根据 2016 年 2 月 6 日《国务院关于修改部分行政法规的决定》第二次修订）

第五十三条　国家对电信终端设备、无线电通信设备和涉及网间互联的设备实行进网许可制度。

接入公用电信网的电信终端设备、无线电通信设备和涉及网间互联的设备，必须符合国家规定的标准并取得进网许可证。

实行进网许可制度的电信设备目录，由国务院信息产业主管部门会同国务院产品质量监督部门制定并公布施行。

第五十六条　任何组织或者个人不得利用电信网络制作、复制、发布、传播含有下列内容的信息：

（一）反对宪法所确定的基本原则的；

（二）危害国家安全，泄露国家秘密，颠覆国家政权，破坏国家统一的；

（三）损害国家荣誉和利益的；

（四）煽动民族仇恨、民族歧视，破坏民族团结的；

（五）破坏国家宗教政策，宣扬邪教和封建迷信的；

（六）散布谣言，扰乱社会秩序，破坏社会稳定的；

（七）散布淫秽、色情、赌博、暴力、凶杀、恐怖或者教唆犯罪的；

（八）侮辱或者诽谤他人，侵害他人合法权益的；

（九）含有法律、行政法规禁止的其他内容的。

第五十七条 任何组织或者个人不得有下列危害电信网络安全和信息安全的行为：

（一）对电信网的功能或者存储、处理、传输的数据和应用程序进行删除或者修改；

（二）利用电信网从事窃取或者破坏他人信息、损害他人合法权益的活动；

（三）故意制作、复制、传播计算机病毒或者以其他方式攻击他人电信网络等电信设施；

（四）危害电信网络安全和信息安全的其他行为。

第五十八条 任何组织或者个人不得有下列扰乱电信市场秩序的行为：

（一）采取租用电信国际专线、私设转接设备或者其他方法，擅自经营国际或者香港特别行政区、澳门特别行政区和台湾地区电信业务；

（二）盗接他人电信线路，复制他人电信码号，使用明知是盗接、复制的电信设施或者码号；

（三）伪造、变造电话卡及其他各种电信服务有价凭证；

（四）以虚假、冒用的身份证件办理入网手续并使用移动电话。

第五十九条 电信业务经营者应当按照国家有关电信安全的规定，建立健全内部安全保障制度，实行安全保障责任制。

第六十条 电信业务经营者在电信网络的设计、建设和运行中，应当做到与国家安全和电信网络安全的需求同步规划，同步建设，同步运行。

第六十一条 在公共信息服务中，电信业务经营者发现电信网络中传输的信息明显属于本条例第五十六条所列内容的，应当立即停止传输，保存有关记录，并向国家有关机关报告。

第六十二条 使用电信网络传输信息的内容及其后果由电信用户负责。

电信用户使用电信网络传输的信息属于国家秘密信息的，必须依照保守国家秘密法的规定采取保密措施。

第六十四条 在中华人民共和国境内从事国际通信业务，必须通过国务院信息产业主管部门批准设立的国际通信出入口局进行。

我国内地与香港特别行政区、澳门特别行政区和台湾地区之间的通信，参照前款规定办理。

第六十五条 电信用户依法使用电信的自由和通信秘密受法律保护。除因国家安全或者追查刑事犯罪的需要，由公安机关、国家安全机关或者人民检察院依照法律规定的程序对电信内容进行检查外，任何组织或者个人不得以任何理由对电信内容进行检查。

电信业务经营者及其工作人员不得擅自向他人提供电信用户使用电信网络所传输信息的内容。

互联网信息服务管理办法

（2000 年 9 月 25 日中华人民共和国国务院令第 292 号公布　根据 2011 年 1 月 8 日《国务院关于废止和修改部分行政法规的决定》修订）

第一条　为了规范互联网信息服务活动，促进互联网信息服务健康有序发展，制定本办法。

第二条　在中华人民共和国境内从事互联网信息服务活动，必须遵守本办法。

本办法所称互联网信息服务，是指通过互联网向上网用户提供信息的服务活动。

第三条　互联网信息服务分为经营性和非经营性两类。

经营性互联网信息服务，是指通过互联网向上网用户有偿提供信息或者网页制作等服务活动。

非经营性互联网信息服务，是指通过互联网向上网用户无偿提供具有公开性、共享性信息的服务活动。

第四条　国家对经营性互联网信息服务实行许可制度；对非经营性互联网信息服务实行备案制度。

未取得许可或者未履行备案手续的，不得从事互联网信息服务。

第五条　从事新闻、出版、教育、医疗保健、药品和医疗器械等互联网信息服务，依照法律、行政法规以及国家有关规定须经有关主管部门审核同意的，在申请经营许可或者履行备案手续前，应当依法经有关主管部门审核同意。

第六条 从事经营性互联网信息服务，除应当符合《中华人民共和国电信条例》规定的要求外，还应当具备下列条件：

（一）有业务发展计划及相关技术方案；

（二）有健全的网络与信息安全保障措施，包括网站安全保障措施、信息安全保密管理制度、用户信息安全管理制度；

（三）服务项目属于本办法第五条规定范围的，已取得有关主管部门同意的文件。

第七条 从事经营性互联网信息服务，应当向省、自治区、直辖市电信管理机构或者国务院信息产业主管部门申请办理互联网信息服务增值电信业务经营许可证（以下简称经营许可证）。

省、自治区、直辖市电信管理机构或者国务院信息产业主管部门应当自收到申请之日起60日内审查完毕，作出批准或者不予批准的决定。予以批准的，颁发经营许可证；不予批准的，应当书面通知申请人并说明理由。

申请人取得经营许可证后，应当持经营许可证向企业登记机关办理登记手续。

第八条 从事非经营性互联网信息服务，应当向省、自治区、直辖市电信管理机构或者国务院信息产业主管部门办理备案手续。办理备案时，应当提交下列材料：

（一）主办单位和网站负责人的基本情况；

（二）网站网址和服务项目；

（三）服务项目属于本办法第五条规定范围的，已取得有关主管部门的同意文件。

省、自治区、直辖市电信管理机构对备案材料齐全的，应当予以备案并编号。

第九条 从事互联网信息服务，拟开办电子公告服务的，应当在申请经营性互联网信息服务许可或者办理非经营性互联网信息服务备案时，按照国家有关规定提出专项申请或者专项备案。

第十条 省、自治区、直辖市电信管理机构和国务院信息产业主管部门应当公布取得经营许可证或者已履行备案手续的互联网信息服务提供者名单。

第十一条 互联网信息服务提供者应当按照经许可或者备案的项目提供服务，不得超出经许可或者备案的项目提供服务。

非经营性互联网信息服务提供者不得从事有偿服务。

互联网信息服务提供者变更服务项目、网站网址等事项的，应当提前30日向原审核、发证或者备案机关办理变更手续。

第十二条 互联网信息服务提供者应当在其网站主页的显著位置标明其经营许可证编号或者备案编号。

第十三条 互联网信息服务提供者应当向上网用户提供良好的服务，并保证所提供的信息内容合法。

第十四条 从事新闻、出版以及电子公告等服务项目的互联网信息服务提供者，应当记录提供的信息内容及其发布时间、互联网地址或者域名；互联网接入服务提供者应当记录上网用户的上网时间、用户账号、互联网地址或者域名、主叫电话号码等信息。

互联网信息服务提供者和互联网接入服务提供者的记录备份应当保存60日，并在国家有关机关依法查询时，予以提供。

第十五条 互联网信息服务提供者不得制作、复制、发布、传播含有下列内容的信息：

（一）反对宪法所确定的基本原则的；

（二）危害国家安全，泄露国家秘密，颠覆国家政权，破坏国家统一的；

（三）损害国家荣誉和利益的；

（四）煽动民族仇恨、民族歧视，破坏民族团结的；

（五）破坏国家宗教政策，宣扬邪教和封建迷信的；

（六）散布谣言，扰乱社会秩序，破坏社会稳定的；

（七）散布淫秽、色情、赌博、暴力、凶杀、恐怖或者教唆犯罪的；

（八）侮辱或者诽谤他人，侵害他人合法权益的；

（九）含有法律、行政法规禁止的其他内容的。

第十六条 互联网信息服务提供者发现其网站传输的信息明显属于本办法第十五条所列内容之一的，应当立即停止传输，保存有关记录，并向国家有关机关报告。

第十七条 经营性互联网信息服务提供者申请在境内境外

上市或者同外商合资、合作，应当事先经国务院信息产业主管部门审查同意；其中，外商投资的比例应当符合有关法律、行政法规的规定。

第十八条 国务院信息产业主管部门和省、自治区、直辖市电信管理机构，依法对互联网信息服务实施监督管理。

新闻、出版、教育、卫生、药品监督管理、工商行政管理和公安、国家安全等有关主管部门，在各自职责范围内依法对互联网信息内容实施监督管理。

第十九条 违反本办法的规定，未取得经营许可证，擅自从事经营性互联网信息服务，或者超出许可的项目提供服务的，由省、自治区、直辖市电信管理机构责令限期改正，有违法所得的，没收违法所得，处违法所得3倍以上5倍以下的罚款；没有违法所得或者违法所得不足5万元的，处10万元以上100万元以下的罚款；情节严重的，责令关闭网站。

违反本办法的规定，未履行备案手续，擅自从事非经营性互联网信息服务，或者超出备案的项目提供服务的，由省、自治区、直辖市电信管理机构责令限期改正；拒不改正的，责令关闭网站。

第二十条 制作、复制、发布、传播本办法第十五条所列内容之一的信息，构成犯罪的，依法追究刑事责任；尚不构成犯罪的，由公安机关、国家安全机关依照《中华人民共和国治安管理处罚法》、《计算机信息网络国际联网安全保护管理办法》等有关法律、行政法规的规定予以处罚；对经营性互联网信息服务提供者，并由发证机关责令停业整顿直至吊销经营许可证，通知企业登记机关；对非经营性互联网信息服务提供者，并由备案机关责令暂时关闭网站直至关闭网站。

第二十一条 未履行本办法第十四条规定的义务的，由省、自治区、直辖市电信管理机构责令改正；情节严重的，责令停业整顿或者暂时关闭网站。

第二十二条 违反本办法的规定，未在其网站主页上标明其经营许可证编号或者备案编号的，由省、自治区、直辖市电信管理机构责令改正，处5000元以上5万元以下的罚款。

第二十三条 违反本办法第十六条规定的义务的，由省、自治区、直辖市电信管理机构责令改正；情节严重的，对经营性互联网信息服务提供者，并由发证机关吊销经营许可证，对非经营性互联网信息服务提供者，并由备案机关责令关闭网站。

第二十四条 互联网信息服务提供者在其业务活动中，违反其他法律、法规的，由新闻、出版、教育、卫生、药品监督管理和工商行政管理等有关主管部门依照有关法律、法规的规定处罚。

第二十五条 电信管理机构和其他有关主管部门及其工作人员，玩忽职守、滥用职权、徇私舞弊，疏于对互联网信息服务的监督管理，造成严重后果，构成犯罪的，依法追究刑事责任；尚不构成犯罪的，对直接负责的主管人员和其他直接责任人员依法给予降级、撤职直至开除的行政处分。

第二十六条 在本办法公布前从事互联网信息服务的，应当自本办法公布之日起60日内依照本办法的有关规定补办有关手续。

第二十七条 本办法自公布之日起施行。

图书在版编目（CIP）数据

中华人民共和国网络安全法解读 / 杨合庆主编.
—北京：中国法制出版社，2017.4（2022.8 重印）
ISBN 978-7-5093-8211-0

Ⅰ.①中… Ⅱ.①杨… Ⅲ.①计算机网络－科学技术－管理法规－法律解释－中国 Ⅳ.①D922.175

中国版本图书馆 CIP 数据核字（2017）第 022558 号

策划编辑：谢　雯　　责任编辑：谢　雯　　封面设计：蒋　怡

中华人民共和国网络安全法解读
ZHONGHUARENMINGONGHEGUO WANGLUO ANQUANFA JIEDU

主编/杨合庆
经销/新华书店
印刷/北京虎彩文化传播有限公司
开本/880 毫米×1230 毫米　32 开　　印张 / 7.75　字数 / 123 千
版次/2017 年 4 月第 1 版　　2022 年 8 月第 15 次印刷

中国法制出版社出版
书号 ISBN 978-7-5093-8211-0　　定价：36.00 元

北京西单横二条 2 号　　值班电话：66026508
邮政编码 100031　　传真：66031119
网址：http：//www.zgfzs.com　　**编辑部电话：66010493**
市场营销部电话：66033393　　**邮购部电话：66033288**

（如有印装质量问题，请与本社编务印务管理部联系调换。电话：010-66032926）